김강희 회고록

김강희 회고록

(주)동화엔텍 창업주
김강희 회장의 기업로드맵

김강희 지음

바르게 일하고 제대로 경영하라

StarRich Books

어린시절 모습

(주)동화엔텍 김강희 회장(2024)

부모님, 가족들과 함께(1984)

이효례 고문과 함께(2025)

산업 발전에 기여한 공로를 인정받아 산업포장(1996)과 철탑산업훈장(2002)를 받았다.

집무실인 '미래를 생각하는 방'에서(2025)

이효례 고문(2025)

동화엔텍 R&D 센터를 방문한 문재인 대통령과 함께한 간담회(2013)

조선·해양플랜트 산업 정책 세미나 현장을 방문한 문재인 대통령과 함께(2013)

동화엔텍 공장을 둘러보는 이해찬 국무총리와 허남식 부산시장 일행(2004)

이해찬 국무총리 일행과 함께 동화엔텍 공장 앞에서(2004)

또 하나의 집과 같은 동화엔텍 공장에서(2015)

현장 직원들과 소통하는 김강희 회장(2015)

동화엔텍 생산 공장에서 직원들과 함께(2015)

김동건 대표를 비롯한 동화엔텍 두드림 봉사단체 회원들의 사랑의 연탄 나누기 활동(2024)

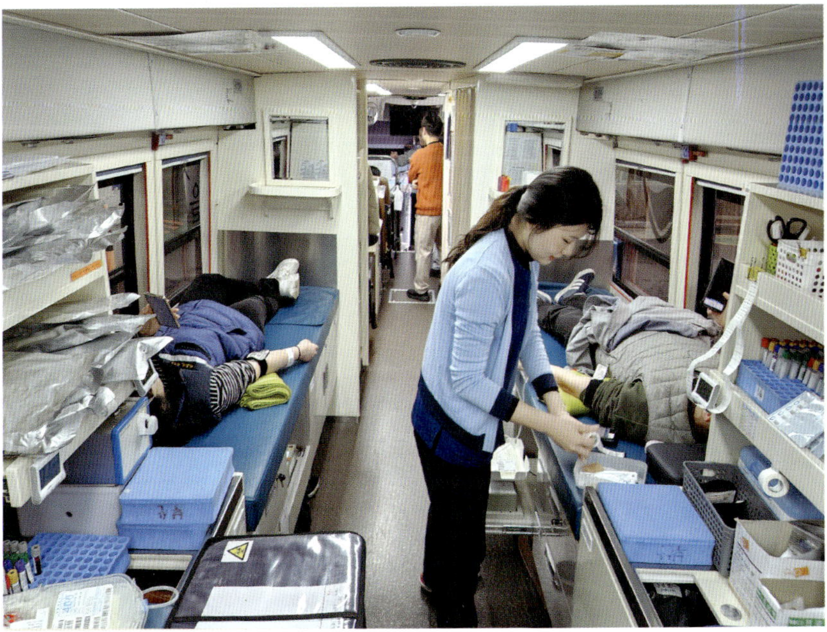

사랑의 헌혈 나눔 봉사활동에 참여한 동화엔텍 임직원들(2023)

기계 금속 부분 소부장 으뜸기업 선정(2022)

신노사문화 우수기업 대상 수상 후 김재술 가족사랑 위원장과 함께(2002)

신노사문화 우수기업 대상 수상 현판식(2002)

IBK 기업은행의 기업인 명예의 전당 헌정 기념 흉상 앞에서 이효례 고문과 함께(2011)

동화엔텍 전 임직원과 함께한 '위풍당당 페스티벌'(2024)에서 감사의 뜻을 전하는 김동건 대표

'함께한 44년 함께 만드는 100년'이라는 슬로건으로 진행된 '위풍당당 페스티벌'

求正求精

바르게, 제대로

Do the Right Thing in the Right Way

들어가는 말

새로운 시작 앞에서

2020년부터 3년간 코로나19라는 예기치 못한 복병으로 온 세계가 몸살을 앓았다. 기업은 기업대로 개인은 개인대로 정부는 정부대로 3년 넘게 고통의 시간을 지나며 지칠 대로 지쳤고, 다행히 3년 차에 접어들면서 차츰 희망의 빛을 찾아가는 듯 보였다.

그런 가운데 반가운 소식이 들려왔다. 나의 오랜 동료이자 후배들이 일하는 (주)종합해사에서 창업 50주년 기념행사에 초대장을 보내온 것이다. 창업자로서 그리고 초대 대표이사로서, 힘들었던 초창기의 어려움을 이겨내고 명문 장수기업으로 우뚝 서 당당히 50주년을 맞이한 회사의 창립 기념식에 참여하게 된 감격에 가슴 벅참을 감출 수 없었다.

"김 회장님, 어서 오십시오. 건강한 모습으로 뵙게 되니 정말 감사합니다."

최고령자로 참석하여 후배들의 인사를 받으니 감개가 무량했다. 오랜만에 얼굴을 마주했다는 반가움과 고향과도 같은 회사에 선배이자 창업자로서 참석하게 된 흐뭇함, 여러 감정이 교차했다.

뜻깊은 행사에서 고맙게도 발언할 기회가 주어졌다. 사실 며칠 전이 부탁을 받고 고민했다. 지금의 위치에서 후배들에게 어떤 이야기를 해줄 때 가장 도움이 될까 생각하면서 한 가지 결단을 내리고 이야기를 전했다.

"이곳에 모인 후배 기업인들에게 인사를 드립니다. 저는 주식회사 종합해사의 창업자이며 지금은 동화엔텍의 명예회장으로 있는 김강희입니다. 주식회사 종합해사는 1974년 국립해양대학에서 국비로 학업을 마친 기관장 출신들이 뜻을 모아 창업하여 오늘에 이르렀으니, 기념비적인 기업이기도 합니다. 하나의 기업이 50년간 이어오는 일도 매우 어려운 일인데, 주주들이 돌아가며 CEO로서 회사를 경영하며 50년을 이어왔다는 것은 더욱 대단한 일임에 분명합니다. 모두가 주인의식을 가지고 한마음으로 기업을 일궈왔기에 가능한 일이라고 생각합니다. 창업부터 8년간 대표이사로 함께해온 사람으로서 진심으로 감사한 마음을 전합니다."

좌중을 둘러보니 고맙게도 아흔이 넘은 선배의 치하에 모두들 감동반은 표정을 짓고 있었다. 이어 준비한 말을 이어갔다.

"제가 선배로서 초대를 받아 감사한 마음이 크기에 한 가지 이벤트를 준비했습니다. 오늘은 제가 후배 여러분들을 모시겠습니다. 기꺼이 응해주시길 바랍니다."

내가 준비한 깜짝 이벤트는 우리 회사로의 초대였다. 생각해 보니 그동안 신년 하례식에서 만났을 뿐 회사에 한 번도 단체로 초대한 적이 없다는 것을 알고, 그들을 초대하여 함께 식사도 하고 회사도 정식으로 둘러보는 이벤트를 마련한 것이다.

행사를 마치고, 며칠 후 30여 명 되는 종합해사 주주들을 동화엔텍 화전 공장으로 모셨다. 40년간 매일 드나든 회사이고 그동안 수많은 이들을 회사로 초대하여 안내했건만 웬일인지 그날은 조금 떨리기도 했다. 일행과 함께 회사 식당에서 조촐한 식사를 하고 공장을 둘러보았다. 영도의 허름한 창고에서 시작한 동화라는 회사가 오늘의 동화엔텍으로 성장한 모습에 모두가 진지한 표정으로 일관했다.

사실 그들과 회사를 함께 둘러본 것은 선배로서 후배들에게 무엇을 해줄 수 있을까 고민하던 끝에 내린 결정이었다. 종합해사라는 기업은 매우 좋은 취지를 가지고 주주들이 모여 만든 회사이며 모두가 주인이라는 마인드로 경영에 임했다. 주주들이 공평하게 돌아가며 회사의 경영을 맡다 보니 누구 한 사람의 의견에 따라 회사가 움직이는 것이 아닌 모두의 기업이라는 의식이 있었다.

하지만 그 이면에 긍정적인 요소만 있는 것은 아니었다. '우리' 속에 '나'의 주체성이 흐려질 수 있고 새롭게 뭔가 시도하는 일에 주춤할 수 있었다. 종합해사를 사임하고 동화엔텍이라는 기업을 시작하여 40여 년 경영에 참여하다 보니 기업의 생태는 안정보다는 변화, 끊임없는 도전이라는 키워드 속에 놓여 있어야 함을 뼈저리게 느낄 수 있었다. 아마도 선배로서 이런 점을 그들이 느끼게 해주고 싶었던 것 같다.

물론 어떠한 설명도, 표현도 하지 않았다. 그저 초대의 개념으로 그들과 함께했지만 들려오는 피드백은 예상대로였다.

"선배님, 회사를 둘러보면서 많이 각성이 됐습니다. 동화엔텍이 어떻게 성장하고 발전했는지 눈으로 보고 나니 저희도 도전의식을 되새기게 됐습니다."

"맞습니다, 회장님. 오늘 경험이 큰 도전이 됐습니다."

과연 훌륭한 후배들이었다. 나이 많은 선배의 어쭙잖은 조언으로 생각할 수도 있었을 텐데 나의 진심을 통찰해 주었으니 말이다.

후배들과의 하례식을 기쁘게 마치고 '미래를 생각하는 방'이라는 팻말이 달린 사무실에 앉았다. 40년 세월을 넘긴 이 출근길에 5평 남짓한 이 공간에서 나의 삶을 지지해준 고마운 동료들을 추억하며, 우리의 성공을 같이해준 고마움과 나의 실패를 함께 이겨내준 감사함을 다시 한 번 돌이켜 보았다.

종합해사에서 동화정기를 창업하면서 창업 초기 (주)동화정기의 실질적인 사장 역할을 해준 고(故) 박갑순 부회장은 다대포 공장, 녹산 공장을 손수 지으면서 동화의 주춧돌이 되어주었고, 양준상 사장 역시 고객과의 최전선에서 동화의 영역을 넓혀준 든든한 버팀목이었다. 또한 기술기업으로 나아가고자 했던 나의 이상을 실현해준 홍성희 부회장과 강석봉 전무, 강길수 상무 역시 나의 부족함을 메워준 좋은 후배이자 동료이다.

많은 기업의 성장 과정을 보면 현실에 안주하여 정체되는 경우도 있고, 변화를 추구하며 계속 도전을 이어가는 기업도 있다. 동화 역시 열교환기를 넘어 시스템 기술회사로 나아가기 위해 변화하고 있다. 이 길을 함께해준 권영우 부회장과 양영명 사장께는 이 도전을 이어주기를 부탁한다. 이외에도 나와 인연이 있었던 많은 분을 회상하며 소중한 한 분 한 분의 이름과 얼굴을 떠올리니, 조금씩 잊히는 나이가 원망스럽기도 하지만 고마운 생각이 더 크다.

그들이 있었기에 현재의 동화가 있고, 미래의 동화가 있는 것이다. 나의 부족함이 때로는 그들에게 서운하게 다가갔을 수도 있을 것이다. 이어질 나의 이야기 속에서도 때로는 그들의 노고가 부족하게 기억될 수도 있을 것이기에, 다시 한 번 미안함과 고마움을 전한다.

이 이야기를 완성해준 것은 나의 삶을 든든히 지원해준 이효례 고문과 가족임을 잊지 않고 있다. 나의 자식들과 손주들 하나하나 다 소중하고 그 소중함을 글로 남기기에는 너무나도 부족하여, 이 한 단락으로 다시 마음을 전한다.

탈고에 앞서 종합해사에서 시작하여 동화로 이어지는 나의 삶이 왠지 산업적, 국가적 사명감으로 과장되게 비치지 않을까 하는 걱정도 든다. 바라기는 이 이야기가 나만의 이야기가 아닌 우리의 이야기가 되기를, 그리고 우리의 이야기가 앞으로 동화와 함께할 인연에게 작은 교훈이 되기를 소망한다.

2025년 12월

지천명에서 망백(望百)이 넘기까지 함께한 작은 사무실에서

김강희

차례

자원은 없어도 버틴다는 자신을 갖는다면

뭐가 되든 이룰 수 있다.

그런 사람들이 모여 역사와 부흥을 이룬다.

PART 1

이루다 :

창고에서 시작한 꿈

Dong
Hwa

인연, 작은 시작

"무슨 일을 하는 회사입니까?"

"선박이나 기계제품에 들어가는 열교환기 관련 회사입니다."

"그러니까 그 회사와 어떤 비즈니스를 하신다는 거죠?"

"기술을 교류하러 가는 겁니다."

일본 공항 입국 관리 직원들의 태도가 여간 깐깐한 게 아니었다. 한참을 따져 묻고 이것저것 살펴보고 뜸을 들인 후에야 겨우 입국이 허락되었다. 일본과의 수교가 이미 오래전에 이루어졌음에도 1980년 당시 우리나라에서 외국을 나가는 일은 매우 어려웠다. 그나마 비즈니스 차원에서 비자 발급이 가능했기에 어렵게 두 명의 비자를 받을 수 있었다.

드디어 일본에 갈 수 있게 된 날, 출국장으로 향했다. 후배이면서 사업의 동반자로 합류해준 직원과 또 다른 엔지니어까지 두 명이 일본으로 떠날 준비를 하고 있었다. 그들과 반갑게 인사하는데 왠지 모를 짠한 마음이 들었다. 대표인 나는 남아 있고 직원들만 보내려니 미안하기도 하고 고맙기도 해서다.

"다들 고맙네. 원래는 내가 가야 하는데 미안하게 됐어."

"아닙니다. 사장님은 맡고 계신 일이 있으시니 저희가 가서 잘 배우고 오겠습니다."

"그래, 토카이독 사장한테 잘 말해놓겠네. 건투를 비네."

비장한 각오로 일본을 향해 떠나는 고(故) 박갑순 부회장을 비롯한 직원들을 지켜보며 일련의 일이 머릿속을 스쳤다.

당시 나는 종합해사 대표를 맡아 경영하고 있었는데, 일을 통해 알게 된 토카이독의 이토 켄이치 사장이 창업을 권유했다. 토카이독 조선공업주식회사Tohkai Shipbuilding & Engineering Co., LTD는 1960년 창업한 일본 조선 기자재 기업으로 선박 디젤엔진용 공기 냉각기를 주로 생산했으며, 열교환기 제작 및 수리도 하는 회사였다.

열교환기란 전열벽을 통해 높은 온도의 유체로부터 낮은 온도의 유체에 열을 전달하는 장치를 의미한다. 선박 엔진을 가동하여 움직이기 위해서는 다양한 형태의 열교환기가 필요한데 용도별로 가열기, 예열기, 냉각기, 히터, 쿨러 등으로도 부르기도 한다.

이토 켄이치 사장은 전문적인 선박 수리를 담당하는 종합해사 역시 좋은 기업이지만, 한 가지라도 잘하는 기업이 되었으면 하는 뜻에서 열교환기 수리하는 일을 전문적으로 하는 회사를 창업하라고 수차례 권유했다. 수년간의 만남을 통해 좋은 관계를 유지하던 사이였기에 그 권유에 진심이 담겨 있음을 알 수 있었다. 문제는 기술력이었다. 당시 한국 제조업의 현실은 척박하기 그지없었는데, 그는 주저하는 내게 말했다.

"혹시 열교환기를 제작할 때 자재나 부품이 필요하면 내가 적극 도와주겠으니, 걱정하지 말고 한번 해보시오."

분에 넘치는 지원과 기술까지 교류까지 해주겠다는 약속을 하니, 이 정도라면 해볼 만한 도전이란 생각이 들어 용기를 냈다. 다만 당시 종합해사 대표직을 맡고 있었기에 창업을 위해 따로 나올 수 없었다. 그런 까닭에 1년여 동안 고민하고 있는데, 때마침 해기사로 일하던 해양대 후배가 찾아왔다. 한동안 외항선 기관장으로 승선 생활을 해오다가 육지에서 할 일을 찾고 있는 중이라고 했다.

"자네, 새로운 일을 한번 시작해보지 않겠어?"

"좋은 일이 있습니까?"

"실은 내가 전문적으로 열교환기 수리업을 창업할까 생각 중인데, 매여 있는 몸이라 시작하기가 쉽지 않아. 자네가 사업 준비부터 해보는 건 어때?"

"선배님, 저는 해볼 생각이 있습니다."

나를 찾아와 기꺼이 사업의 시작을 도운 이가 바로 훗날 동화엔텍의 큰 주춧돌이 된 박갑순 부회장이다. 동화정기는 대표이사인 나와 후배, 해양대 출신의 엔지니어 두 명이 의기투합하여 시작하였다. 막상 창업을 결정했지만 자본금이 넉넉지 않아 몇몇 분들의 도움을 받아 자본을 마련했다. 불안한 투자였을 텐데도 후배를 믿고 조건 없이 선뜻 투자를 결정한 선배들에게 감사할 따름이다.

시작은 열악했다. 부족한 자본금에도 앞으로의 가능성을 보고 기꺼이 뛰어든 직원들에게 그에 합당한 대우를 해주는 일은 어려웠다.

막상 회사를 시작해보니 열교환기 전문기업으로 홀로서기란 녹록지 않았다. 열교환기를 전문적으로 다루는 회사로 시작한 만큼 선박에서 사용되는 열교환기를 구해 이리저리 뜯어보고 분해도 해가며 살펴봤지만 역부족이었다. 만드는 과정을 보고 기술적인 부분에 어떤 노하우가 있는지 공부해야 할 필요성이 커졌다. 일본인 친구가 왜 그토록 일본으로 와서 배우라고 했는지 피부에 와닿았다. 조건 없는 친절을 베푼 그가 더없이 고마웠다. 배워야 한다는 생각으로 서둘러 일본행을 택했다. 배우는 것 외에는 길이 없었고, 다행히 일본 측에서 흔쾌히 방문을 허락했기에 출국길에 올랐다. 일본행은 그렇게 추진된 것이었다.

일본 토카이독으로 향한 두 명의 용사는 맨땅에 헤딩하는 심정으

동화정기 창업 전 일본 토카이독 사의 실습을 했던 현장(1980년 12월)

로 기술을 배웠다. 열교환기를 만드는 회사이다 보니 부품부터 제작의 노하우까지 샅샅이 들여다보며 배울 수 있었는데, 고맙게도 이토 켄이치 사장은 회사 엔지니어와 우리 직원들을 연결해주며 기술을 배울 수 있게끔 배려해 주었고, 열교환기를 직접 수리할 수 있도록 자재 제공까지 약속했다.

3개월간의 연수 동안 두 사람은 배려 속에 많은 경험을 할 수 있었다. 물론 많은 배려에도 어쩔 수 없이 타지에서 눈칫밥을 얻어먹으며 일을 한다는 것이 쉽지 않았을 텐데, 그들은 잘 참고 견뎌주었다. 당시 국내 조선 수리업체의 영세성과 기술의 낙후로 막대한 외화가 낭비되고 있는 현실을 타파하고자 했던 사명감이 마음의 저변에 깔려 있었기 때문이라고 감히 말할 수 있다.

"열교환기 제작 기반을 다지게 된 일본 연수가 동화의 오늘이 있기까지 원동력이자 초석이 되지 않았는가 생각을 감히 해본다."

훗날 박갑순 부회장이 회고하며 쓴 글을 봐도 알 수 있듯이, 그때 우리 모두는 스스로 일어서고자 하는 의지가 있었고 특히 산업 분야에서 '우리가 자력으로 만들어보자'는 의지가 있었다. 3개월의 일본 연수는 동화정기의 중요한 기반이 되었다.

기술 연수를 받은 직원들이 돌아온 뒤, 우리는 부산 영도의 종합해사 건물 옆에 40평짜리 임대 창고를 얻어 회사를 시작했다. 열교환기 수리를 전문적으로 맡아서 하는 업체라고는 하지만 처음엔 워밍업을 하는 시간이었다. 가스켓 교환이나 열교환기의 파공 난 튜브 교체 정도의 수리를 하며 일감을 늘려가는 정도였다. 또한 공장에 있는 가공장비라고 해봐야 소형 선반을 비롯해 레디얼 프레스, 고압스팀 세척기, 체인 블록이 시설의 전부였을 정도로 열악한 환경 속에서 수작업을 해나갔다.

비록 시작은 보잘것없었지만 원대한 비전이 있었다. 1980년대 조선해운산업의 발전 정책에 맞추어 조선기자재 분야 역시 성장하리라는 믿음이 있었고, 그중 일부라도 우리가 해낼 수 있다면 큰 보람이라는 생각으로 임했다.

1980년 동화정기가 내세운 비전은 '성실과 신뢰'였다. 처음에는 물론 소규모였지만 기술과 성실을 바탕으로 신뢰를 쌓아 고객을 만족시킴으로써 점차 일감을 늘리고 자리를 잡아갈 수 있었다. 결과적으로 시일이 지나면서 기존 기업에 대한 불신 가운데 차별성을 인정받았고, 조금씩 우리를 찾는 고객의 수가 늘어났다.

처음 시작한 일은 국적선 수리 작업이었다. 여기서부터 자신감을 얻게 되었다. 경험이 있고 실력이 있는 해기사들을 모아 직접 관리 감독을 하면서 수리와 서비스의 질을 향상시켰다.

"사장님, 국적선 수리를 의뢰하는 거래처가 점점 늘어날 것 같습니다."

"정말 기쁜 소식입니다. 모두 여러분들이 열심히 고객의 요구를 만족시킨 덕택입니다. 더 분발해서 여기에서 그치지 않고 고객 만족을 위해 노력합시다."

"지금까지 받은 이러한 평가에 만족하지 않고, 앞으로도 고객에게 좋은 평가를 받을 수 있도록 하겠습니다."

열악한 조건이었음에도 창업 원년부터 10개사 정도의 거래처를 확보할 수 있었고, 신뢰할 수 있는 수리와 서비스라는 칭찬을 받았다. 여기에 만족하지 않고 기존 기업과의 차별성을 굳건히 하기 위해 끊

회사 설립 전 기술 이전의 모태가 되었던 일본 Tohkai Dock Co., LTD(1994)

임없는 성찰과 노력을 하며 점차 고객의 수를 늘려갈 수 있었다. 아래 네 가지를 모토로 회사를 경영했다.

1. HIGHEST EFFICIENCY
2. LOW PRICE
3. DURABILITY
4. COMPLETE AFTER SERVICE

1980년 허름한 간판 하나 달고 시작한 동화정기는 작은 임대 창고에서 시작했지만 포부만큼은 한국을 넘어 세계를 향하고 있었다. 어떻게든 선진국으로부터 기술을 배워 우리만의 기술력을 갖겠다는 일념으로 낯선 땅 일본에서 배움의 기회에 기꺼이 뛰어들었고, 그것을 바탕으로 특유의 성실함과 신뢰를 쌓아 조금씩 터를 일궜다.

우리에겐 사람이 있다

외항선을 탈 때였다. 하루는 갑판 위에서 선원들이 푸념 삼아 하는 말을 들었다. 때는 1960년대, 한창 우리나라가 전후 복구에 안간힘을 쓰던 때였다. 모든 것이 부족하고 허약하고 혼란스러웠다.

"우리나라가 가진 게 뭐 있어. 자본이 있어 자원이 있어… 그러니 이 모양 이 꼴로 사는 거야. 소도 비빌 언덕이 있어야 한다는데…."

"그렇지. 우리 기술로 배를 만들겠다는 사람이 있다 한들 아무것도 없는 나라에서 그게 되겠어?"

몇몇 선원이 주고받는 대화를 듣는데 좀 화가 났다. 그들의 말이 아주 틀린 것은 아니었다. 나라의 상황은 어려웠고 언제 볕 들 날이 올지 알 수 없어 막막했다. 하지만 그렇다고 그대로 주저앉을 것인가.

반만년 우리 역사가 어떤 것인가. 끊임없는 외세의 침략을 꿋꿋이 이겨내고 특유의 성실한 민족성으로 인내하며 버텨온 역사 아닌가. 이 없으면 잇몸으로 버텨온 민족인데 그런 나약한 발언을 하다니 듣기에 영 거북했다.

이런 이야기가 들려올 때마다 나름 스스로 다짐했던 게 있다. 자원은 없지만 버틴다는 자신을 갖는다면 뭐가 되든 이룰 수 있다는 것이다. 그런 사람들이 모여 역사와 부흥을 이룬다고 믿었기 때문이다.

임대 창고 사무실에서 동화정기를 시작하면서 그러한 생각은 더욱 굳어졌다. 새롭게 시작하는 회사, 누구도 시도하지 않았던 열교환기 관련 회사로 첫발을 내딛다 보니 자원이 참 부족하다는 것이 피부로 와닿았다. 하다못해 부품 하나 구하려 해도 백방으로 알아봐야 했고, 일본의 최신 기술을 전수받기 위해 연수를 받았다 해도 3개월이란 기간은 기술력을 확보하기에 턱없이 부족한 시간이었다.

하지만 우리 회사 사람들은 달랐다. 미래의 비전을 바라보고 뛰어든 청춘들이었기에 부족한 부분을 탓할 시간에 연구에 몰두했다. 과연 사람이 자원이었다.

"일단 수리 업무를 수주한 뒤에 어떻게든 고쳐봅시다."

선박을 움직이는 엔진을 돌리는 것에는 모두 자신이 있었기에, 엔진에 필요한 기계장비의 수리부터 접근했다. 먼저 엔진에서 연료와 폭발하는 공기를 공급하는 공기 냉각기 수리부터 시작했다. 다행히 공기 냉각기를 수리할 수 있는 최소한의 기계가 있었기에 국내 선박 회사의 수주를 받았고, 대한유조선사의 유공호 공기 냉각기 수리를 수주할 수 있었다. 그 과정에서 없는 부품을 구하기 위해 백방으로 노력해야 했는데, 그 방법을 생각해낸 것도 바로 직원들이었다.

"지금 자재를 일본에서 구해 오려고 해도 시간적인 여유가 없지?"

"다른 부품을 활용해보면 어떨까요?"

"그것도 좋은 생각인데, 여기에 들어갈 튜브를 대체할 수 있는 게 뭐가 있을까?"

"담수플랜트용 튜브를 제품에 맞게 인발해보면 어떨까요? 풍산금속 영업부랑 연락해보면 사우디에서 들여온 튜브를 구할 수 있을 것 같은데요."

"그래. 한번 해보자고."

궁하면 통한다고 했던가, 없는 인연을 총동원하여 해수에 잘 견디는 내식성 동파이프 소재를 구하는 데 성공했고, 이렇게 저렇게 바꿔가며 결국 당사 제품에 맞게 인발하여 수리를 끝낼 수 있었다.

사업 초기에는 공기 냉각기 수리 영업이 쉽지 않았기에 매출 부진을 메꾸기 위한 직원들의 노력도 대단했다. 디젤엔진의 부품을 수입한 뒤 재생하여 판매하는 일을 할 때도 납기일을 맞추기 위해 밥 먹듯 철야 작업을 했다. 그렇게 밤샘 작업을 해도 납기일을 지키지 못하는 경우가 다반사였다.

최소의 인원으로 꾸렸기에 근무 시간을 넘기는 일이 많았음에도 다들 주인의식을 가지고 작업에 임했다. 열악한 환경에서 오는 고생도 있었다. 한겨울 철야 작업을 할 때면 따로 피로를 풀 수면실이 없어 현장 맨바닥에 비닐을 깔고 새우잠을 청했는데, 쪽잠을 자고 나면 비닐에 습기가 가득 차서 작업복은 눅눅해지고 얼굴은 퉁퉁 붓기 일쑤였다. 화장실이 없는 창고에서 작업을 하니 씻으려면 바깥에 나가야 했는데, 겨울철엔 온수도 나오지 않아 얼음장 같은 물에 세수를 하며 지냈다.

1호 여직원으로 경리 일을 맡았던 친구는 업무가 끝나면 은행을 다녀왔는데, 주거래 은행을 사무실 근처로 정하지 못하여 날마다 영도다리를 건너 망미동까지 15킬로미터 거리를 왕복했다. 아무리 바빠도 여직원이 은행에서 돌아올 시간이 지나면 영도다리까지 마중 나가서 데리고 오곤 했다. 고생스러운 업무 환경이었지만 그때는 끈끈했던 동료애가 우리를 결속시켰고 일심동체 정신으로 작업에 임했다.

1981년, 창립 1년을 맞이한 동화정기는 현재의 선박해양플랜트연구소의 전신인 한국선박연구소와 공기 냉각기의 성능 실험과 기술 개발을 위한 협약을 체결했다. 공기 냉각기 업체로서 발을 내디뎠으니 우리가 만드는 제품에 대한 욕심과 비전이 조금씩 꿈틀대기 시작한 것이다.

우리로서는 기술에 목말랐기에 어떻게든 기술을 배울 수 있는 기회가 있으면 잡았다. 선박 디젤엔진에 대해 더 많이 아는 이들과 연구할 수 있는 기회라면 무조건 수용했다. 선박연구소의 연구원과 우리 직원들은 밤새도록 기름때를 묻혀가며 공기 냉각기 제조를 연구했고 성능 테스트를 이어갔다. 창고 사무실의 불은 밤이 새도록 켜져 있었고 기계 돌아가는 소리도 밤새 이어졌다. 사무실 한구석에 쪼그려 앉아 쪽잠을 자면서도 고생스럽다고 생각했으면 해내지 못했을 것이다. 모두가 한마음으로 우리 기술로 개발해 보겠다는 의지가 충만했기에 고생도 감내할 수 있었다.

그렇게 청춘을 바쳤지만 희망의 빛은 희미했다. 그럼에도 누구 한 사람 좌절하거나 포기하지 않았다. 끝까지 하면 될 수 있을 거라는 희망이 있었고, 끈질긴 우리 민족성을 믿고 함께 나아갔다. 그러한 믿음은 머지않아 싹이 트고 가지를 뻗어갔다.

동화정기라는 이름 없는 회사가 오늘날의 45년 차 기업이 될 수 있었던 것은 전적으로 사람 덕분이다. 우리 손으로 우리 기술을 이용해 우리 제품을 만들어 보겠다는 희망을 지닌 사람이 함께 모여 이룬 결과라 생각한다. 춥고 불편한 창고 회사를 스스럼없이 찾아와 기꺼이 청춘을 바친 동료들을 생각하면 지금도 가슴이 뜨거워진다.

최초의 도전

"됐어. 드디어 해냈어."

환호성이 공장을 가득 울렸다. 선박 디젤엔진용 공기 냉각기 개발에 성공한 것이다. 공장에서 쪽잠을 자가며 수없이 연구하고 시도한 결과였다. 물론 완벽한 기술로 가기 위해서는 아직 갈 길이 멀었지만 그래도 수리만 하던 업체에서 제품 제작 기술 개발에 성공했으니 대단한 성장이었다.

그즈음 회사 자체에도 여러 가지 변화가 생겼다. 허름한 창고에서 여름엔 더위와 겨울엔 추위와 싸우며 작업했던 영도에서의 고난의 생활을 마무리하고 부산 반여동으로 회사를 확장 이전할 수 있게 된 것이다. 때마침 아내가 시작한 사업이 확장하면서 반여동에 공장을 지

든든한 버팀목이 되어준 아내 이효례 고문과 함께

어 운영했는데, 그 옆 부지를 사용하면서 공장다운 모습을 조금씩 갖추게 되었다.

동화정기의 가장 든든한 버팀목이 되어준 사람은 아내인 이효례 고문(현재 동화엔텍에서는 아내를 고문이라 칭한다)이다. 이 고문은 지금까지 순간순간 어려운 상황에서 항상 큰 버팀목이자 구원이 되어주었다. 동화정기의 '동(東)' 역시 이 고문이 가장 좋아하는 '동녘 동(東)' 자에서 따왔다. 기술 개발과 기업 경영의 사명감에 가정 밖에만 있던 나를 대신해 이 고문은 때로는 아버지가 되고 때로는 어머니가 되었고, 동화정기가 재정적 어려움에 처하면 조력자가 되었다.

공장에 새로운 기계나 제품이 들어오면 신이 나는 나와는 달리 그녀는 직원들을 보살폈다. 직원들의 따뜻한 안식처가 되어주었고, 회사의 정원을 가꾸고 벽지를 뜯어고치고 비 새는 곳을 막는 것 역시 이 고문의 역할이었다. 지금도 서로를 "고문님", "회장님"이라고 부르면서도 촌스러운 한국 남자인 나는 이 고문에게만은 고맙다는 말을 잘 하지 못하니 미안할 따름이다.

이 고문의 배려로 반여동으로 회사를 이전했을 때 직원들 모두 얼마나 좋아했는지 모른다. 따뜻하고 온수도 나오는 사무실로 옮기게 되었으니 고생은 끝났다며 농담 섞어 이야기하기도 했다.

해운대구 반여동에 마련한 회사는 영도 공장에 비해 두 배 정도 넓었고 여유 있는 작업장을 확보했다. 예전의 허름한 공장에 비해 시설도 환경도 꽤 좋아진 공장을 보러 온 동생이 했던 말이 아직도 생각난다.

"형님, 이 큰 공장을 어떻게 운영하려고 하십니까?"

딴엔 걱정이 돼서 하는 말이었지만 크게 개의치 않았다. 창업한 지 2년이 채 지나지 않았으나 업계에 조금씩 입소문이 나기 시작하며 일감이 지속적으로 늘어가는 상황이었기에 오히려 희망에 부풀었달까.

이는 백방으로 동화를 알리기 위해 뛰어다닌 양준상 사장의 노력의 결과물이었다. 그는 하루는 현대중공업, 하루는 쌍용엔진을 돌아다니며 동화를 알렸고, 조선소와 엔진회사가 밀집한 부산, 경남 지방을 순회하며 회사를 홍보했다.

게다가 우리 기술로 엔진에 들어가는 공기 냉각기를 개발할 수 있다는 가능성을 본 것만으로도 희망이었기에, 회사 분위기는 매우 밝았다. 다만 성공적인 데뷔가 필요한 상황이었는데, 기회는 의외로 빨리 찾아왔다. 하루는 회사로 전화 한 통이 걸려왔다.

"동화정기죠? 여기는 쌍용중공업입니다. 한번 뵙고 싶습니다."

"무슨 일로 그러십니까?"

"공기 냉각기를 개발하고 계신 걸로 아는데 그 얘기를 나누고 싶습니다."

쌍용중공업이라면 1976년 쌍용중기로 시작하여 쌍용중공업으로 이름을 바꾸고 우리나라 중화학공업을 이끌고 있는, 중속엔진을 생산하는 기업이었다. 그런 곳에서 우리 회사에 연락을 한 이유는 하나였다. 엔진 국산화 정책에 따른 파트너업체를 찾는 것이다. 드디어 기회가 왔다.

1980년대 우리나라는 산업 기술의 발전과 함께 경제개발정책을 펼치며 공격적으로 경제를 키워나가고 있었다. 규모는 커지고 있지만 기술력은 여전히 제자리걸음이고 해외 기술과 제품에 의존하고 있었기에, 정부에서는 정책적으로 엔진 국산화 정책을 펼쳤다. 한마디로 국내에서 엔진을 개발하여 기술력을 높이자는 취지였다.

그런 까닭에 정부에서는 국내 자체 개발로 만든 엔진의 45%가 넘

반여동 공장 현장

는 기술에 한해 국산화 엔진으로 규정하며 혜택을 주었다. 이런 취지에 따라 국내 중공업 기업이 국산화 기술로 개발한 공기 냉각기를 찾으러 다닌 것이다.

쌍용중공업은 동화정기에서 개발 중인 공기 냉각기에 주목했고, 쌍용 엔진에 들어갈 공기 냉각기 개발 의사를 타진해왔다. 우리로선 거절할 이유가 전혀 없는 고마운 제안이었다.

"이번에 일본 한신엔진과 기술 제휴를 통해 1600HP용 국산화 엔진을 제작합니다. 저희 회사가 시작하는 국산화 엔진 1호로 만들 예정입니다. 그 속에 들어갈 공기 냉각기와 윤활유 냉각기 제작을 동화정기에 맡기고 싶습니다. 함께하실 의향이 있으십니까?"

"맡겨만 주신다면 최선을 다해 만들어 보겠습니다."

뛸 듯이 기뻤다. 그간의 수고와 노력이 헛되지 않았다는 사실에 얼마나 뿌듯했는지 모른다. 우리 회사는 쌍용중공업에서 제작하는 국산화 엔진 4행정 중속엔진에 공기 냉각기를 공급하기로 했다. 쌍용중공업의 국산화 엔진 1호기에 우리가 개발한 제품이 부착되어 시운전될 수 있다는 사실에 회사 전체 분위기가 고무되었다. 그 길로 모든 직원이 전사적으로 움직이며 엔진에 들어갈 공기 냉각기 개발에 온 힘을 기울였다.

이미 한 차례 경험을 해봤으나 새롭게 제작 주문하는 형식에 맞춰 개발하는 작업은 또 다른 도전이었다. 2행정의 선박 추진 목적의 대형 엔진용으로는 공급할 수가 없다는 점이 아쉬웠지만, 주어진 환경에서 최선의 기술력으로 선박용 공기 냉각기를 개발했다. 엔진의 출력을 올리는 데 가능한 한 많은 공기를 압축해야 하는 공기 냉각기라면 크기가 작으면서도 냉각 효율을 높여야 했다.

"소형 공기 냉각기지만 냉각 효과를 높이려면 핀 제조 기술이 좀 더 정밀해야 합니다. 튜브 확관 기술도 필요하고, 전체적인 열교환기 설계가 필요합니다."

"그 점이 아쉽긴 하지만, 그래도 중속엔진에 들어가는 공기 냉각기라면 이 정도면 제대로 가동하는 것으로 보이는데…."

반여동 공장 확장 이전 고사(1982년 5월)

"한 번 더 조립해 볼까요?"

"그럽시다."

개발팀은 의뢰받은 공기 냉각기를 제작하는 데 여념이 없었고, 외부에서는 이런저런 이야기도 들려왔다. 대부분은 국내 기술로 개발하는 공기 냉각기에 대한 불신과 의심이 섞인 말이었다. 열교환기라는 중요 제품이 갖춰야 할 기본적인 성능에 관한 것부터 우리 품질로 가능하겠냐는 의심까지 온갖 말이 돌았다. 하지만 그런 것에 일희일비하지 않고 주어진 환경에서 최선을 다했다. 그것이 우리 회사를 믿고 맡겨준 쌍용중공업에 대한 보답이고 나아가 국산화 정책을 펼치고 있

반여동 공장 현판식(1982년 5월)

는 나라에 대한 기업인의 도리라는 생각으로 공기 냉각기 개발을 마무리했다.

"자, 마지막으로 테스트를 해볼까요?"

부산 반여동 임대 공장 전경(1982년 6월)

"그래. 한번 가동해보지."

회사 내부적으로 개발된 시제품 테스트에 들어갔다. 배관을 통해 들어온 뜨거운 공기는 공기 냉각기를 거쳐 식음으로써 일정 온도를 유지하고 있었다. 공기 냉각기를 지난 공기의 온도가 떨어지는 순간을 온도계로 확인하자 전 직원이 얼싸안고 성공을 자축했다. 1차 관문을 드디어 통과한 것이다.

이제 마지막 관문이 남아 있었다. 쌍용중공업에서 개발한 국산화 엔진 1호기에 장착하여 제대로 가동되어야 과제가 끝나는 것이었기에 아직은 승리를 단언하기 일렀다.

마침내 쌍용중공업에서 개발한 국산화 엔진 1호가 시운전되는 날이 되었다. 우리 말고도 많은 국산화 부품이 엔진에 장착되기 시작했다. 주 엔진부터 엔진의 작은 부품에 이르기까지 국내 기술로 만들어진 부품들이 제자리를 찾아 안착하는 등 시운전을 남겨두고 있었다.

'제발, 성공하기를….'

저절로 두 손을 모은 채 기도하는 심정으로 시운전 현장을 바라보았다. 국산화 엔진 1호가 시운전되는 감격스러운 현장에 많은 사람들이 참석하여 지켜보고 있었다. 엔진 시동을 위해 전기가 먼저 들어가고, 잠시 뒤 엔진이 가동되는 소리가 조금씩 들려오기 시작하더니 드디어 굉음을 내면서 움직이기 시작했다.

"된다. 된다!"

100% 국내 부품으로만 구성된 엔진은 아니지만 그래도 순수한 우리 기술력이 집약된 부품들이 주요 기능을 담당하고 있었기에 현장의 분위기는 감동이었다. 시운전은 성공이었다. 참석한 사람들은 감격의 박수를 쳤고 우리가 드디어 해냈다는 기쁨에 서로 얼싸안고 눈물을 흘렸다.

이 모습을 지켜본 관련 업계에서도 관심을 보이기 시작했다. 도대체 어떤 회사이길래 선박용 공기 냉각기를 자체 제작 개발했는지 궁금해했고, 부산의 이름 없는 회사에서 그 일을 해냈다는 사실에 놀라워했다.

1982년 6월, 쌍용중공업의 국산화 엔진 1호기에 동화의 공기 냉각기와 엔진오일 쿨러가 장착되어 시운전에 성공함에 따라 동화정기는 최초로 조선기자재 열교환기의 국산화에 도전한 회사가 되었다. 이는 우리도 자체 기술을 갖춘 조선기자재 업체로 발돋움할 수 있다는 가능성을 보여주었다.

현대정신, 국산화를 꽃피우다

개인적으로 현대그룹의 창업주 정주영 회장을 존경한다. 국가와 민족을 사랑하는 민족애가 바탕이 된 기업 철학이 나의 사명과 같았기 때문이다. 특히 우리 기술에 대한 욕심, 즉 '기술부심'에 대한 마인드는 더욱 존경할 만하다.

우리의 산업기술이 여전히 후진국 수준을 벗어나지 못하고 있을 때부터 그는 국내 부품을 사용하려고 애를 썼다. 국가적인 차원에서 국내 부품을 사용하라는 지침도 있었지만, 개인적으로 우리 기술이 필요하다는 것을 인지했기에 뚝심 있게 국내 부품 사용 의지를 펼쳤다. 그것이 대한민국의 산업기술을 발전시키는 디딤돌이 되었다.

그가 국산화 기술력이 중요하다고 느낀 이유는 현장에서 몸소 경험했던 바가 있어서다. 현대가 조선업에 뛰어들면서, 선박 제조에 들어가는 철판을 모두 수입해야 했다. 외국에서 철판을 수입하는 것도 안타까운 일인데, 수입하면 가격을 깎을 수도 없었다. 무엇보다 물건을 사는 입장이니 권리를 누릴 수 없는 데다, 납기일을 지키지 못했다고 불평할 수도 없었다. 이런 상황에서 우리나라가 자체 기술력으로 부품을 생산한다면 회사로서도 이익이었다.

당시 현대의 협력업체는 100여 곳이 넘었고, 정 회장은 그 업체들이 국산 부품을 만든다면 수용해 주겠다는 마인드로 나아갔다. 물론 임원(직원)들은 회장의 뜻은 알겠지만 현실적으로 외국산 부품을 사용하는 게 더 편하고 낫다고 생각했다. 실제로 당시 기술력이 좋지 못했기에 외국 부품에 비해 국내 부품의 질이 떨어지고 A/S를 해야 하는 등 실무자들의 업무가 많았던 것도 사실이다. 그럼에도 정주영 회장은 직원들에게 협력업체의 제품 위주로 사용할 것을 명했다.

그 결과 우리와 같은 부품업체들이 기회를 얻고 상생할 수 있었다. 반면 그 시대를 풍미한 다른 기업의 총수는 협력업체를 배려하기보다는 무조건 싼 곳에서 부품을 들여오는 제도를 갖추었기에 우리 같은 부품업체는 매우 불리했다.

이제야 말이지만 가격만 생각하던 그 기업은 지금은 사라진 기업이 되었다. 결과적으로 볼 때 현대는 여전히 건재하고 기업인들 사이에서도 인정받는 회사가 되었으니, CEO의 마인드가 얼마나 중요한지 다시금 깨닫게 된다.

우리 회사 역시 정주영 회장의 국가관이 반영된 기업 마인드의 혜택을 받았다. 쌍용중공업의 국산화 엔진에 우리 공기 냉각기가 부착되어 시운전에 성공하자, 업계에 소문이 나기 시작했다. 1980년대는 국내 조선소가 한창 성장하던 시기였기에 자연스럽게 우리 회사로 공기 냉각기 제작 주문이 들어오기 시작했다.

그런데 문제가 하나 있었다. 쌍용중공업에 납품했던 것은 소형 엔진의 공기 냉각기로, 주로 선박에 필요한 전기를 생산하는 용도의 엔진이었다. 그런데 조선소에서 요구하는 것은 선박 추진용 대형 엔진에 필요한 공기 냉각기였다. 대형 엔진에 장착될 공기 냉각기를 제작하기에는 여전히 핀 제조 기술이나 튜브 확관 기술 등에 부족한 부분이 많았다.

이에 회사 차원에서 외국 기업과 기술 제휴를 결정했다. 가장 먼저 시도한 것은 독일의 Serck 사와 오일 히터 기술을 제휴한 것이었다. 공기 냉각기뿐만 아니라 히터 역시 열교환기의 종류였는데, 자체적으로 기술적인 부분이 해결되지 않았기에 그 분야에서 독보적인 기술을 가진 독일의 회사와 어렵게 연락하여 기술 이전을 타진했다.

이에 기술 개발팀 직원들이 독일 함부르크에 있는 Serck 사로 파견되어 근무하며 기술을 이전받았다. 다행히 이전받은 기술로 오일 히터를 개발하여 동화의 이름으로 공급할 수 있었다. 이는 이전까지 연료유 히터만은 독일 제품만을 선호하던 국내 선박회사들이 동화정기를 새롭게 보는 계기가 되었다.

이러한 성과는 또 다른 열매로 이어져, 육상용 및 해상용 발전기 및 모터의 이중관식 공기 냉각기를 개발하는 등 기술력을 조금씩 넓혀 나갔다.

그러던 중 현대엔진과의 인연이 시작되었다. 당시 현대는 내연 발전 공사를 진행하고 있었다. 내연 발전은 내연 기관을 이용해 전기를 생산하는 시스템으로, 디젤엔진의 회전을 통해 발전기를 가동하여 전기를 발생시킨다. 당시 발전소에 설치되는 주 엔진은 일본 니가타Niigata사와 기술을 제휴하여 현대엔진이 제작했고, 보조기 주요 기자재의 대부분도 수입에 의존하고 있었다.

그럼에도 국내에서 제작되는 몇 안 되는 펌프류 중에서 원심펌프와 열교환기 정도는 국내 기자재로 채택했다. 우리로서는 기술력을 업그레이드할 수 있는 좋은 기회였기에 반여동 공장에서 여러 차례 기술 미팅을 가지며 최선의 노력을 기울이는 모습을 보여주었다.

"동화정기는 좀 다르네요."

"네? 뭐가 말입니까?"

"국내에서 이런 기능품을 만드는 중소기업과 만나 보면 대부분 대기업에서 제공하는 도면에 따라 단순 제작만 하는 정도인데, 동화는 열 계산도 하고 자체 데이터 시트를 작성해서 도면을 직접 작성하여 제출할 정도로 상당히 차별화되어 있는 것 같습니다."

현대로부터 이런 평가를 듣는데 얼마나 뿌듯했는지 모른다. 귀한 인연이었기에 정성을 다해 제품을 제작했지만, 납품 후에 일부 문제도 발생했다. 현장 사이트에서 납품했던 엔진오일 쿨러의 시운전을 하는데 열교환기 튜브 확관부가 터져 바닷물이 엔진 내부까지 침투하는 일이 발생한 것이다. 다행히 사고 직후 바로 발견되어 엔진 자체에는 손상이 없었고, 엔진오일 20드럼을 교체해주는 것으로 마무리했다. 오히려 사고가 나거나 품질 문제가 생겨도 동화는 끝까지 책임진다는 인식을 심어준 계기가 되어 그 뒤로도 좋은 인연으로 이어졌다.

실제로 얼마 뒤 현대엔진 측에서 국산화 엔진에 우리 제품을 의뢰해왔다. 우리로서는 이미 쌍용에 한 차례 납품을 한 경험이 있었기에 기쁜 마음으로 공급을 결정했으나, 기술력이 문제였다. 현대엔진 측에서 요구한 것은 대형 엔진형 공기 냉각기였는데, 당시 우리의 기술력으로는 역부족이었다.

또 한 번 외국 기업과의 기술 제휴를 결정했다. 당시 대형 엔진의 공기 냉각기는 일본의 Sucton Gas Engine 사와 카와사키Kawasaki 사, 독일의 GEA 사에서 거의 독점적으로 국내 엔진사에 공급하고 있었기에, 카와사키 사와 기술 제휴를 맺고 제품을 공급하기로 했다.

그 과정에서 문제가 생겼다. 일본 쪽에서 협의를 제대로 이행하지 않아 차질이 생긴 것이다. 우리로서는 매우 큰 금액을 지불하며 기술을 이전받기로 했는데, 정작 일본 쪽에서는 전혀 기술을 이전하고 싶은 마음이 아니었다.

"설계 부분을 함께 의논했으면 합니다. 핀 제조 기술 이전을 원합니다."

우리 쪽에서는 답답한 마음에 필요한 기술을 계속 요구했으나, 그 쪽에선 별다른 답변 없이 완성된 제품만 보내왔다.

"핵심 부품을 보내니 케이스만 조립해서 납품하면 됩니다."

"아니, 케이스만 만들어서 조립할 거면 기술 이전을 왜 합니까?"

"글쎄요, 우리에게 기술 이전은 이런 겁니다."

답답한 노릇이었다. 기술을 이전하는 범위나 협업의 정도가 명확하지 않은 계약이었기에, 협의만 진행될 뿐 도통 진척이 되지 않았다. 국제 거래에서 토카이도쿠 사처럼 호의와 친절만 있는 것은 아니었다. 계약서라는 가장 기본적인 문서조차 세심히 볼 능력이 안 되었던 우리의 안일한 태도도 철저히 반성해야 했다.

"사장님, 이렇게는 진행하기 힘듭니다. 무슨 수를 내야 합니다."

돌아가는 상황에 울분이 끓는 건 마찬가지였다. 하지만 사장으로서 함께 화를 낼 수는 없는 법, 어떻게 이 사태를 해결할 수 있을지 막막했다. 일단 회사 차원에서는 주문받은 4척의 선박에 한해서만 공기 냉각기를 납품할 수 있었다.

그리고 직원들이 한자리에 모였다. 일본과의 기술 이전이 원활하게 이루어지지 않은 것에 대해 화도 나고 어이도 없고 불안한 심정이었다. 아니꼽고 자존심 상하는 이 순간을 절대 잊지 말자며 서로 다독이고 있을 때 박갑순 부사장이 나섰다.

"사장님, 그냥 우리가 끝까지 만들어 보죠."

"그게 어려워서 일본과 기술 이전 계약을 맺지 않았나?"

"그렇죠. 그런데 그쪽만 믿고 있다가는 기술 이전은커녕 뭐 하나 배우는 것도 없이 돈만 날리겠습니다. 그냥 저희가 죽든 살든 만들어 보겠습니다. 어쨌든 이 기술을 가진 곳이 카와사키 사이니 그 회사 카탈로그라도 보고 만들어 봅시다."

그렇게 직원들이 연구원이 되어 공부하기 시작했다. 또다시 밤잠을 설쳐가며 공장 바닥에서 먹고 자고 연구했다. 부사장은 카와사키 사에서 가져온 카탈로그에 나온 내용들을 토대로 제품 분석에 들어갔다.

"수압 확관 개념도가 여기 있네요. 이거 보고 연구해 봅시다."

"카와사키 사가 하는 것과 같은 방식인 600bar 정도의 수압으로 핀과 튜브를 밀착시키는 수압 확장 장치를 직접 만들어 볼까요?"

"그래, 어차피 우리가 새롭게 만드는 수밖에 없겠네."

오랜 시간 머리를 맞대고 공부하고 분석하며 시행착오를 겪었다. 특히 기술 이전의 중요한 축을 차지하는 설계 기술에 관해서는 여러 문헌의 기술 자료를 참고하여 공기 냉각기의 기본 열 설계 수식을 만들 수 있었고, 몇 달에 걸쳐 직접 코딩 작업을 하며 설계 프로그램을 개발했다.

이로써 공기 냉각기의 기본 설계 기술과 제조 기술을 독자적으로 확보할 수 있었다. 해외 제품을 단순 모방하여 제작하는 수준에서 벗어나, 설계 개념을 세우고 설계 절차를 만들면서 우리만의 설계를 하기 시작한 것이다. 이 일을 주도한 이가 동화의 기술 기틀을 만든 홍성희 부회장이다.

이후로도 기술에 대한 홍성희 부회장의 탐구와 집념은 수많은 전설과 역사를 만들었다. 국내에서 구하기 힘든 해외 논문과 원서를 어디선가 복사해서 밤늦게까지 홀로 연구하고, 부회장이 된 이후로도 젊은 엔지니어들과 기술 토론을 하는 모습은 기술 토론에 관해서는 모든 임직원이 평등하다는 문화를 만들었다.

영업을 책임졌던 양준상, 기술을 선도했던 홍성희, 전반적인 살림부터 앞선 공정의 모든 오류를 바로잡았던 생산의 박갑순까지, 실로 이 사람들이 동화정기였고, 그들의 협력이 동화만의 기술을 만들어냈다.

마침내 모든 부품을 비롯한 컨트롤 장치를 직접 설계하고 구매해서 자체적으로 600bar 이상의 압력을 올릴 수 있는 자동 왕복동 수압펌핑 장치를 한국 최초로 개발하는 데 성공했다. 이를 통해 현대엔진

6S50MC용 공기 냉각기를 국산화하는 결정적 계기가 마련되었다.

우리 기술로 대형 엔진 공기 냉각기 제작에 성공했다는 소식에 업계에서는 반갑다는 축하를 건넸지만, 또 다른 장애가 기다리고 있었다.

"김 사장님, 공기 냉각기 개발하신 건 축하드립니다. 그런데 우리로서는 성능에 대한 검증이 제대로 되지 않아서 발주를 할 수가 없습니다."

청천벽력 같은 소식에 힘이 쭉 빠져 상심하고 있는데, 모기업인 현대엔진이 다시 한 번 나섰다.

"김 사장님, 방법이 있습니다. 일본에 발주한 공기 냉각기와 동일한 시리즈의 호선용 공기 냉각기를 동화에도 발주하겠습니다. 그러면 일본 제품과 동시에 실제 엔진에 교체 탑재해가면서 성능 검증 테스트를 할 수 있잖습니까?"

"그렇군요. 그렇게만 해주신다면 정말 감사하겠습니다."

"정 회장님께서 국산 부품화에 대한 뜻도 품고 계시고, 동화정기가 열심히 일하는 걸 아는 이상 어떻게든 상생할 기회를 찾아야지요."

그렇게 기회가 찾아왔다. 일본과 우리에 동시에 발주한 실제 선박에 들어갈 공기 냉각기 제작에 들어갔고, 제품 납품에 앞서 성능 테스트를 할 시간이 되었다.

결과는 대성공이었다. 함께 테스트에 참가한 일본 측 사람들도 깜짝 놀랐고, 모기업인 현대엔진도 마찬가지였다. 이렇게 성능을 인정받는다는 것은 이제 현대중공업의 선박에 동화의 제품이 들어갈 수 있음을 의미했다.

"축하합니다. 드디어 해내셨네요. 이제 생산에 들어가도 되겠습니다."

마침내 현대엔진이라는 든든한 기업에 대형 엔진용 공기 냉각기를 개발 납품할 수 있었다. 현대엔진에서 우리 부품을 사용하겠다고 나서니 다른 조선소나 엔진에서도 동화를 찾았다. 하루가 다르게 주문량이 늘어났고 반여동의 동화정기는 밤마다 불빛이 환한 가운데 작업을 이어갔다.

주말도 휴일도 없이 공장을 가동하고 선박에 들어갈 공기 냉각기를 제작하며 우리 제품이 무슨 무슨 호에 장착될 때면, 마치 딸을 시집보내는 듯한 마음으로 나가서 지켜보곤 했다. 그 속엔 우리 기술로 부품을 만들겠다는 의지와 땀과 눈물이 녹아 있었다. 동화정기, 동화엔텍은 허름한 창고에서 우리 기술을 개발한 이들의 땀을 통해, 그들의 헌신으로 시작했다.

꿈은 늙지 않는다.

오랫동안 꿈을 그려온 사람은

그 꿈을 닮아간다.

PART 2

꿈꾸다 :

소년, 꿈을 닮아가다

Dong Hwa

배움에 목마르다

"아버지, 저 학교 가고 싶어요."

"어머니, 왜 저는 학교 안 보내줘요?"

농사일에 바쁜 부모님을 쫓아다니며 어린 나는 학교에 보내 달라고 조르고 또 졸랐다. 그런데 부모님은 아직 학교 갈 나이가 안 됐다며 학교에 보내줄 생각을 안 하셨다. 아무리 봐도 이상했다. 동네에서 같이 자란 친구들은 학교에 입학해서 공부를 하고 있는데 왜 나는 아직 나이가 안 됐다는 것인지 이해가 되지 않았다.

답답한 마음에 뒷동산에 올랐다. 집안 선산이 있는 뒷동산엔 큰 아름드리 소나무가 있었는데, 그늘 밑에서 놀다 보면 시간 가는 줄 몰랐다. 소나무 밑에서 시간을 보내다가 점심을 먹으라는 부름에 정신을 차리고 집으로 달려가는 날이 하루이틀이 아니었다. 그날도 학교에 보내주지 않아 뾰로통한 마음으로 동산으로 달려가 앉아 있었다. 이런 일이 한 달 두 달 이어졌다.

전북 정읍의 이편면 하송리, 유년 시절을 보낸 이 작은 마을은 나에게는 너무나도 큰 세상의 일부였다. 특히 뒷동산에 있는 소나무는 어린아이의 답답한 마음을 달래주는 좋은 친구였다.

그러나 그도 잠시, 일제 치하에서의 삶은 어린 내가 대가 없이 누릴 수 있던 고향의 푸근함마저 빼앗아 갔다. 어느 날 언제나 사람들을 반겨주던 아름드리 소나무가 잘려 나갔다. 들리는 말로 일본 사람들의 소행이라고 했다. 일제 치하 말기에 일본은 전쟁에 도움이 될 만한 모든 것을 쓸어 갔는데, 뒷산의 나무까지도 공출로 베어 간 것이다.

"쯧쯧… 그 소나무가 얼마나 오래된 나무인데 그걸 잘라내다니…"

"나라를 잃으니 나무 한 그루 내 손으로 지키질 못하네. 나라 잃은 설움이 이런 것이로구나."

나무를 잃고 마음 아파하는 동네 어르신들을 보면서 어린 마음에도 뜨거운 것이 올라왔다. 일본이 우리나라를 지배하는 것이 부당하다는 것을 어렴풋이 깨달았을 뿐 정확한 의미를 몰랐는데, 매일 그늘을 만들어 쉬게 해준 나무가 베인 사건을 통해 확실히 알 수 있었다.

'아, 나라를 잃는다는 건 소중한 우리의 것을 이유 없이 빼앗기는

것이구나.'

아마 그때부터 구국에 대한 마음이 조금은 생겨났던 것 같다. 어쨌든 날마다 위로를 주던 나무 그늘까지 빼앗기고 나니 마음이 더욱 허전했다. 이런 허전함이 학교를 가고 싶은 마음으로 이어져 부모님을 다시 졸랐다.

"아버지, 저 학교 가고 싶어요. 보내주세요."

"좀 기다려라. 때 되면 가게 될 학교, 뭐 그리 못 가서 안달이냐?"

"친구들은 다 학교 가서 공부하는데 왜 저는 못 가는 거예요?"

"하아, 그놈 참!"

급기야 아버지는 빗자루를 들었다. 학교 보내 달라고 떼쓰는 아들이 성가시고 짜증이 나셨는지 그날 빗자루로 몇 대 때리셨다. 맞는 와중에도 억울한 마음이 들었다. 그런 마음을 아셨는지 어머니가 쭈그리고 처마 끝에 앉아 있는 내게로 오셨다.

"강희야, 걱정 말어. 내년엔 핵교 보내줄 거니까."

"왜? 내년이에요?"

"실은… 아부지가 니 호적을 좀 늦게 올려서 내년이나 돼야 핵교 갈 나이가 된다."

"네에?"

사연인즉슨 나의 호적이 2년이나 늦게 올려졌다는 것이었다. 옛날에는 워낙 보건 환경이 좋지 않다 보니 태어나서 죽는 아이들이 많았던 터라 아이가 태어나면 바로 호적에 올리지 않았다. 적게는 수개월 길게는 수년까지도 두고 보다가 건강하게 살 것 같으면 그제야 호적에 올리곤 했다.

어쨌든 이런 연유로 학교 갈 시기가 늦어진 것이었다. 그러면 진즉에 상황을 설명해주면 좋았을 걸 괜히 떼쓰고 빗자루로 맞았다 싶어 오히려 오기가 생겼다.

'학교에 가기만 해라. 정말 열심히 공부할 거다.'

마침내 실제 나이 열 살, 호적 나이로 여덟 살에 보통학교에 입학하게 되었다. 다행인지 불행인지 또래 친구들에 비해 그리 체격이 크지 않았던 터라 두 살 어린 아이들과 함께 학교를 다니면서도 겉모습이 크게 차이 나지는 않았다.

학교 가는 길은 늘 좋았다. 다행히 학교가 그리 멀지 않아 15분 정도 논두렁길을 가로질러 걸어가면 되었기에 매일 아침 그 길을 걸어 다니며 학교 다니는 기쁨을 만끽했다.

글을 배우고 책을 읽고 선생님으로부터 새로운 지식을 전수받는 즐거움은 컸다. 그런 까닭에 집과 학교를 오가는 시간도 아까워 배웠던 것을 복습하곤 했는데, 시기가 시기인지라 온전히 한국말로 수업을 하지 못했던 것은 매우 큰 아쉬움으로 남는다. 해방되기 3~4년 전이었기에 일제의 만행이 극에 달했고, 창씨개명은 물론 모든 것을 일본말로 배웠기에 남모를 억울함도 있었다. 그럼에도 학교 가는 기쁨,

배움의 기쁨이 더 컸던 것 같다.

훗날 생각해 보았다. '나는 왜 그렇게 공부하는 것을 원하고 좋아했을까?' 가계에 흐르는 DNA가 있었던 것도 아니다. 부모님은 공부를 많이 하신 분들이 아니었다. 아버지는 중학교 2학년 때 중퇴한 것이 전부였고 어머니 역시 보통학교만 다니셨는데 오히려 마음껏 배우지 못했다는 당신들의 아쉬움이 자녀들에게 전달되었던 것도 같다. 그렇다고 시골 살림에 엄청난 지원을 해준 것은 아니었지만, 밥상머리 교육을 통해 늘 바르게 살 것을 강조하셨는데 그것이 배움에 대한 갈망으로 이어지지 않았나 싶다.

훗날 해양대학교 명예박사를 받으면서 문득 어머니 생각이 떠올랐다. 이미 하늘나라에 가 계신 어머니가 생전에 어린 나에게 해주시던 말이 생각났다.

"크거들랑 발 뻗고 자라. 발 뻗고 자는 인생을 살어야 한다잉."

화려한 수식이나 수려한 표현미가 있는 말은 아니지만, 어머니가 어린 나에게 숱하게 해주셨던 말씀은 부끄러움이 없는 삶, 정직하고 진솔한 삶에 대한 조언이었다.

나는 이 조언을 실천하기 위한 방법으로 배움을 선택했다. 죄짓지 않고 사는 것, 바르게 사는 삶은 교육에서 비롯된다고 생각했고, 그러한 밑바탕이 나의 삶을 배움으로 이끌었던 것 같다.

내 인생 최고의 멘토

"얘들아. 말과 글에는 힘이 있다."

"말에 힘이 있다고요?"

"맞다. 우리가 쓰는 한글에도 힘이 있다. 우리 민족의 말과 글이 있다는 것이 얼마나 큰 힘인지 모른단다. 그게 민족성이란 거야."

"그런데 선생님, 저희는 일본말을 배웠잖아요."

"그렇지. 그게 나라를 빼앗긴 설움이란 거다. 일본이 우리나라를 빼앗았기 때문에 우리말을 쓰고 싶어도 쓰지 못했잖니. 그건 민족성을 뺏는 것과 같거든. 그래도 다행히 해방이 돼서 한글을 배우고 쓸 수 있으니 얼마나 잘된 일인지 모른다. 그러니 너희는 이제부터라도 우리 민족의 글과 말을 잘 배우고 사용해야 한다."

어린 학생들이 선생님의 심오한 말의 뜻을 얼마나 알아들었으랴마는, 이제 5학년에 접어든 나는 무언가 알 수 없는 뜨거운 감정이 솟구쳐 올랐다.

남들보다 늦게 들어간 학교에서 나는 학교에 다닌다는 기쁨 하나로 학교생활에 꽤 적응을 잘했다. 빗자루로 맞아가며 학교 보내 달라 떼를 썼던 과거(?) 때문에 더 잘해야 한다는 마음도 있었겠지만 그보다 마음속 깊은 곳 배움에 대한 욕구가 컸던 것 같다. 그래서 초등학교 입학한 뒤로 공부를 소홀히 한 적이 없었다.

1940년대 초반, 우리나라는 일제 치하의 막바지에 접어들면서 문화 말살 정책으로 무척 어려웠다. 특히 말과 글에 대한 말살 정책이 심하여 학교에서는 물론 일상생활에서도 우리의 말과 글을 사용하는 것이 금지되었다. 뿐만 아니라 성씨조차도 일본식으로 개명해서 사용하게 되었다.

꿈에 부풀어 학교에 갔건만 당시에는 우리말로 된 교과서가 없어 일본말로 적힌 교과서를 받아 들고 공부해야 했으며, 수업 시간은 물론 쉬는 시간에도 겨우 배운 일본말로 대화를 해야 했다.

한가지 위안이라면, 그나마 어린 시절 수년간 배운 일본말과 글 덕분에 훗날 사회에 나와 일본을 상대로 일하면서 크게 어려운 점이 없었고, 일본어에 대한 반감도 크게 없었다는 사실이다.

일본식 이름, 일본말과 글을 배우면서도 공부는 꽤 잘했다. 국어는 물론 산수(수학) 등 초등 과정에서 배우는 과목에 대한 흥미가 있었기에 다른 친구들이 방과 후에 소 먹이러 산으로 들로 가거나 농사일을 도울 때도 방에 들어가 공부했던 기억이 난다. 부모님도 공부에 취미가 있던 큰아들의 배움에 대한 열정을 높이 사신 것 같다. 지금 생각해도 어린 시절 집안일을 돕던 기억이 별로 없는 것을 보면 말이다.

창씨개명을 하고 일본의 통제 아래에서 공부하던 것도 초등학교 5학년이 되면서 끝이 났다. 끝나지 않을 것만 같던 식민 통치도 일본이 항복하면서 막을 내렸고, 우리 민족은 거리로 쏟아져 나와 해방의 기쁨을 만끽했다.

어린 나는 이제 더는 일본 이름을 쓰지 않고 일본 글과 말을 배우지 않아도 된다는 사실을 양태식 선생님을 통해 깨달았다. 학교에서 만난 양태식 선생님은 당시 다른 선생님들에 비해 젊고 패기가 넘쳤다. 처음부터 다른 선생님들에 비해 좀 달랐다. 한 마디 한 마디 하실 때마다 힘이 넘치고 기존의 관행을 뛰어넘으려는 도전 의식이 있었달까. 그래선지 아이들 모두 선생님을 좋아하고 따랐다.

나 역시 선생님께서 세상 사는 이야기를 해주실 때면 늘 눈이 반짝반짝 빛났다. 학교 밖 이야기, 특히나 민족에 대한 의식을 고취시키는 이야기를 들을 때면 나도 모르게 가슴이 뛰었다.

가끔 친구들이 선생님의 일본식 이름을 부를 때가 있었다.

"이소지마 선생님!"

"얘들아. 더 이상 일본 이름은 부르지 마라. 마음속으로도 떠올리지 말고. 우리는 한국인이다. 우리 민족성을 잃지 말아야 한다."

선생님 덕분에 친구들은 그동안 잊고 지낸 민족의식을 키울 수 있었다. 선생님의 지도 아래 점점 한국인이라는 긍지를 가지고 역사의식을 지닐 수 있었다.

양 선생님은 나에게도 특별한 관심을 두셨다. 당시에는 나처럼 늦게 학교에 진학하는 경우가 많았기에 나이가 맞지 않은 채로 학교생활을 많이 했는데, 선생님은 이를 안타깝게 생각하신 것 같다.

"이번 시험은 어땠니?"

"네, 잘 본 것 같습니다."

"그래? 문제가 쉽지는 않았을 텐데… 공부 열심히 했구나."

"하다 보니 재미가 있더라고요."

예상대로 성적은 좋았고, 그 상황을 지켜보시던 양 선생님은 이내 중요한 결정을 내리셨다. 2년 늦게 학교에 입학한 나에게 월반을 추천하신 것이다.

"내일부터는 6학년과 함께 공부해라. 보니까 넌 그렇게 해도 충분하겠다."

선생님의 갑작스러운 통보에 얼떨떨했지만 기분은 좋았다. 2년 늦게 입학한 것에 대한 조급함이 있었는데 1년이란 시간을 줄여주셨으니 말이다. 무엇보다 좋았던 건 그토록 좋아하고 존경하는 선생님께 인정을 받았다는 사실이다.

다음 날부터 6학년과 함께 공부를 했고, 별다른 문제는 없었다. 교육 과정에 그리 큰 차이가 있는 것도 아니었고 그때그때 양 선생님께서 도움을 주셨기 때문이다. 선생님은 나의 최고의 멘토이자 길잡이가 되어주셨다.

"강희야. 넌 앞으로 어떤 사람이 되고 싶냐?"

"아직은 잘 모르겠습니다. 그냥 배우는 게 좋아요."

"선생님 보기에도 그렇다. 앞으로 뭐가 될지 모르지만, 지금처럼 뭐든지 성실히 임하고 민족성을 잊지 않고 살면 넌 뭐가 되도 될 거다."

선생님의 칭찬은 나를 춤추게 만들었다. 월반 학생이라며 따가운 시선으로 바라보는 이들이 있었을지도 모르지만 그런 것에 아랑곳하지 않고 그저 갈 길을 묵묵히 걸어갔고, 그것은 5학년 졸업과 함께 중학교 입학이란 결과를 만들어냈다.

"선생님, 저 중학교에 합격했습니다."

"그래? 정말 잘했다. 잘 해낼 줄 알았다. 축하한다."

양태식 선생님은 인생 최초이자 최고의 멘토였다. 어린 시절, 일제 치하와 해방 등 신산한 시절을 보내는 와중에도 배움을 향한 마음을 가장 먼저 알아봐주셨고, 무엇보다 민족의식과 함께 주체적으로 사는 삶에 대해 알려주신 분이었다. 돌아보면 첫 번째 공동체였던 학교에서 가장 빛나는 추억과 가르침을 주셨기에 이후의 삶을 자신 있게 개척해 나갈 수 있지 않았나 싶다.

안타까운 것은 그 이후 선생님을 한 번도 뵙지 못했다는 사실이다. 상급 학교에 진학하고 나서는 바쁜 학교생활 때문에 찾아뵙지 못했는데, 들리는 소식으로는 이평초등학교에서 나와서 대학으로 진학하셨다고 했다. 아마도 정식 선생님이 아니셨기에 학력을 보충하러 가셨던 것 같은데 이 과정에서 연락할 방법이 사라졌다.

그리고 하염없이 시간이 흘러 물어물어 선생님을 찾았을 땐 이미 이 세상에 계시지 않았다. 작고하셨단 소식을 접하곤 한참을 멍하게 있었다. 왠지 모르게 가슴이 아파왔고 어린 시절의 아린 기억이 한꺼번에 떠오르며 나의 무심함을 탓했다.

지금도 어린 시절을 떠올리면 양태식 선생님이 동시에 떠오른다. 누군가에게 이토록 깊은 감명과 존경심을 남겨준다는 것은 그만큼 순수하고 뜨거운 열정이 있었기 때문이리라. 그리하여 나 역시 평생 그런 사람이 되기 위해 부단히 노력 중이다. 그것이 나를 오늘의 나로 이끌어준 멘토에 대한 최고의 예의라고 생각한다.

운명처럼 다가온 해양대학교

"자고로 기술을 배워야 밥 먹고 산다. 그러니 넌 핵교 가서 기술 배워라."

아버지는 상급학교 진학을 앞둔 시점에서 기술을 배워야 한다며 이리공업학교 진학을 권했다. 당시 진학할 수 있는 인근 학교는 세 군데 정도였다. 해방과 함께 시작한 인문학교인 남선고등학교와 중고등학교가 함께 있던 이리공업학교, 그리고 농업 관련 기술을 배우는 농업학교였다.

나는 기술을 배워야 살 수 있다는 부모님의 강권으로 이리공업학교 기계과에 진학하게 되었다. 1940년 5년제로 설립된 학교는 해방 이후 6년제로 개편되어 중고등학교 과정을 함께 가르쳤는데 당시 그

학교에 입학한 학생들은 기계, 전기, 광산과로 분야가 나뉘어 기술을 배우고 익혔다.

익산에 있는 학교에 다니게 되면서 정읍에서 익산으로 기차 통학이 시작되었다. 익산까지 가는 교통수단은 기차밖에 없었기에 나의 10대 추억 속엔 완행열차가 함께한다. 집에서 기차역까지 4~5킬로미터는 넘는 거리를 걸어서 간 뒤 천천히 움직이는 기차에 몸을 실었을 때 바깥으로 보이는 풍경은 꽤 낭만적이었다.

호남선을 타고 전형적인 시골 풍경을 고스란히 담고 있는 거리를 지나면서 나름 청소년다운 꿈도 품었다. 학교를 가기 위해서는 정읍에 있는 신태인역에 내려야 했는데, 일제 시대 수탈과 저항이 공존했던 역사의 현장이기도 한 그곳을 지날 때면 초등학교 시절 양 선생님의 말을 되새기며 주체적인 사람으로 살아야겠다는 생각을 했다. 얼마 전까지만 해도 우리나라의 기름진 쌀이 일본으로 수탈되던 곳, 그 현장 앞에서 꼭 무엇이 되고 싶다기보다는 우리의 것을 지키며 살자는 야무진 다짐을 했던 것이다. 다행히 해방된 조국에서 맞이한 자유에 감사하며 무엇이든 할 수 있지 않을까 하는 가능성을 타진했던 것도 같다.

그러다 보니 학교에서의 생활도 조금 더 적극적으로 변했다. 지금도 생각나는 것은 학교를 상대로 시위를 주도했던 것이다. 당시 학교는 학생들로 북적였다. 교실은 부족했고 학생들은 많았기에 2부제를 실시하며 본과 야간반을 운영했는데, 해방 이후 학교에 학제 개편이라는 변수가 생겼다. 처음 개교할 때는 중고등학교 과정 5년제였는데, 그것을 6년제로 개편하는 이슈가 생긴 것이다.

아마 국가적인 차원에서 6년제 학제 개편이 진행되었던 것으로 보이는데, 학생들 입장에서는 예상하지 못한 일이었다. 1년이란 시간을 학교에서 더 보내야 한다는 것에 따른 재정적인 부담도 큰 걸림돌이었다.

다들 비슷한 의견이었고 어떻게든 학교에 우리의 의견을 전하고자 마음을 모았다. 당시 학급 대표를 맡고 있던 나도 친구들과 같은 뜻이었기에 학교를 상대로 시위를 하게 되었다.

주·야간반 학생들까지 모두 합해 수천 명의 학제 개편 반대 성명서를 받아 학교에 제출하는 한편, 학생들의 결연한 의지를 보여주고자 구호도 외쳤다.

"학제 개편 결사반대!"

10대 중후반에 접어든 학생들의 시위는 원하는 결과를 얻어내진 못했다. 학생들의 의견이 반영되지 않은 채 이리공업학교의 학제가 6년제로 변경되었지만, 자신의 의견을 내세우고 정당하게 주장하는 경험은 주체적인 생각을 기르는 초석이 되었다.

6년 동안 학교를 다니면서 기차 통학은 1~2년이 지난 뒤 중단되었다. 신태인역 근처에서 하숙을 하게 되었기 때문이다. 아무래도 통학하며 공부하는 일이 무리라는 판단이 들었고 부모님 역시 같은 생각을 하셨기에 하숙을 구하게 되었다.

하숙생이 되고 나서 기차 통학의 추억은 사라졌지만 일신은 편해졌다. 게다가 머무는 하숙집에서의 대접도 꽤 좋았다. 생면부지 하숙생인 데다 하숙비도 당시 쌀 두 말 정도의 돈밖에 안 될 만큼 적은 금액이었는데도 나를 예뻐라 하셨다. 아마도 두 분 사이에 자식이 없었기에 나를 아들 삼아 보살펴 주셨던 것 같다. 덕분에 학교를 다니면서 공부에만 집중할 수 있었다.

그렇게 학교생활을 하던 어느 날, 학생들 사이에서 웅성거리는 소리가 들렸다.

"전쟁이 났다는데?"

"전쟁? 무슨 전쟁이 났다는 거야?"

"북에서 전쟁을 일으켜서 지금 서울을 뺏겼대."

6·25 전쟁이 일어난 사실도 뒤늦게 알았다. 그도 그럴 것이 그 당시 소식을 전해 들을 수 있는 수단은 라디오가 전부였는데 그마저도 가짜 방송이 많았고, 라디오의 보급도 어려운 때라 소식은 늦을 수밖에 없었다.

그럼에도 피난민 대열이 이어지면서 전쟁 소식은 퍼져 나갔고 우리가 있는 지역까지 알려지게 되었다. 빼앗긴 나라를 되찾고 해방을 외친 지 5년밖에 되지 않았는데 또다시 나라에 큰 사달이 났다니, 가슴이 덜컥 내려앉았다. 하루가 다르게 전파를 통해 들려오는 소식이 뒤숭숭했다.

"저 윗녘에 다리가 폭격당했대."

"나는 일본 방송을 들었는데, 미국 전투기가 폭격에 성공했다고 하더라."

전쟁 소식은 한참 이어졌다. 다행히 우리가 있는 곳까지 전쟁의 여파가 미치지는 않았기에 휴교령이 내려져 학교에 가지 않았던 시간이 있었을 뿐, 직접적인 피해를 겪지는 않았다. 다른 지역에서 피난으로 고생한 이들에 비하면 나은 편이었다.

이런 난리통에도 시간은 흘러갔고, 어느새 졸업을 앞둔 시점을 맞았다. 아무래도 공업고등학교다 보니 친구들은 대학 진학보다 고교 시절 전공을 살려 사회로 진출하는 경우가 많았다.

하지만 배움에 대한 마음이 컸던 나는 대학 진학이라는 진로를 정한 상태였다. 포부도 커서 기왕이면 서울공대를 들어가 보다 전문적인 길을 걷겠단 다짐을 하고 있었다. 전쟁으로 인해 전시연합대학이라는 체제로 서울대학교도 지방에서 운영되었기에 가능한 일이었다.

대학 진학이라는 목표가 생기자 더욱 열심히 공부를 이어갔다. 그런데 이런 나의 마음을 아는지 모르는지 어느 날 아버지가 하숙집으로 찾아오셨다.

"큰애야, 내가 좋은 소식을 가지고 왔다."

"무슨 소식인데요?"

"너 대학 가고 싶다고 하지 않았냐. 저 군산에 국립해양대학이 있는데 거기 가면 국비로 공부할 수 있다고 하더라."

"네? 해양대요? 아버지, 근데…."

"얼마나 좋으냐. 알아보니 거긴 다른 대학보다 먼저 학생을 뽑는다더라. 경험이니까 한번 넣어봐라. 되면 다행이고 안 되면 또 그때 다른 데 생각해보면 되지 않겠냐."

한 번도 생각해보지 않았던 해양대학교라니, 처음엔 당황스러웠지만 아버지 말씀을 들어보니 크게 손해 볼 일은 아니란 생각이 들었다. 아버지로서는 일곱이나 되는 자식들 교육을 책임지려면 재정적인 부담이 엄청났을 테니 여러 가지 상황을 고려해서 권유하셨을 테고, 그 마음을 모르지 않았기에 삼시 고민 끝에 결정을 내렸다.

"알겠습니다. 한번 지원해 보겠습니다."

선뜻 제안을 받아들이자 아버지는 싱글벙글하며 집으로 돌아가셨다. 이후 해양대학교에 대해 알아보니 1945년 대한민국 최초로 설립된 국립 특수대학으로 우리나라의 해양 기술 전문가를 양성하는 대학이었다. 원래 진해에서 개교했으나 전시 상황에서 캠퍼스를 인천으로, 다시 군산으로 옮겨간 상황이었다.(훗날 부산으로 옮겨 지금의 캠퍼스를 유지하게 되었다.) 우리나라에서 처음으로 개교한 국립대학인 데다 해양인을 양성하는 전문 대학기관이란 점, 무엇보다 국비로 공부할 수 있다는 점이 좋은 조건이란 생각이 들었다.

다만 해양인으로서의 진로는 한 번도 생각해보지 않았다는 사실이 마음에 걸렸으나, 이리공업학교에서 기계 공부를 꽤 잘 해낸 것을 보면 못할 것도 없겠다 싶었다. 무엇보다 나에겐 서울공대라는 목표가 있으니 가벼운 마음으로 시도해봄 직했다. 그렇게 해양대학을 지원했고 결과는 합격이었다.

'아니, 내가 합격했다고?'

두 개 과에서 뽑는 총 100명의 정원 가운데 내 이름이 들어가 있었다. 나중에 알아보니 우리 학교에서 꽤 많은 친구들이 이 학교에 지원했는데 단 두 명이 합격했다고 했다.

합격 소식을 듣고 잠깐 고민도 했다. 원래 생각했던 대로 갈 것인가, 아니면 눈앞에 펼쳐진 상황을 받아들일 것인가. 이미 집에서는 합격 소식을 듣곤 진학을 기정사실화하고 있었다. 그러는 가운데 이 상황이 운명이라는 생각이 들면서 현실을 객관적으로 보게 되었다.

지금의 시대와 앞으로 펼쳐질 시대에 '나'라는 존재가 어떻게 쓰일 수 있을까? 앞으로의 세상에는 어떤 인재가 필요할까? 이제 갓 스무 살 남짓한 청년의 눈에 들어온 대한민국은 부지런히 기술 강국으로 가야 하는, 기술 역군이 필요한 나라였다. 학문 탐구도 중요하지만 실제적인 기술 연마가 우선이라는 생각이 들면서, 과감히 로망이던 서울대학교를 포기하고 바다를 공부하는 길을 선택했다.

70년이 지난 지금, 사무실에 앉아 그때를 떠올리곤 한다. 참 타이밍이라는 게 중요하다. 아버지의 권유로 해양대학교에 가지 않았더라면 나는 어떻게 되었을까. 어떻게 해서든 배움을 위해 대학에 갔을 테고 평범한 공직생활을 했을 텐데, 그렇다면 아흔이 넘은 지금까지 현업 전선에서 일하는 건 꿈도 꾸지 못했을 것이다. 끊임없이 배우고 일할 수 있는 터전에 남아 있을 수 있음이 가장 행복한 이 순간의 선물은 없었을 것 아닌가. 나로 하여금 해양 분야의 일을 할 수 있도록 이끌어준 아버지와 해양대학교가 참 고맙다.

2024년 어느 봄날, 한국해양대학교를 방문했다. 아직도 간혹 오래된 선배가 자리해줘야 하는 학교 행사가 있으면 자리를 채우는 역할을 하기도 한다. 그런 날이면 평소 알고 지내던 교수님들과 담소를 나누고 식사를 하며 세상 돌아가는 얘기를 하곤 한다. 그날따라 날씨가 좋아 기왕에 학교를 방문한 김에 김동건 대표와 함께 캠퍼스를 산책했다. 많이 달라진 캠퍼스의 모습이 한편으로는 어색했고, 또 한편으로는 기나긴 세월을 버티고 여기까지 온 학교의 모습에 나의 삶 자체가 투영된 듯한 느낌도 들었다.

화창한 날씨에 이리저리 캠퍼스를 걷던 중 평소 눈여겨보지 않았던 회색빛 건물이 하나 보였다. 알아보니 오래된 도서관을 리모델링하고 부족한 도서관 공간을 확충하기 위한 신축(증축)이 결정되어 골조공사를 한창 진행하였으나, 시설 공사비만 확보된 상태이고 인테리어

2025년 6월 한국해양대 도서관 개관식. 임직원과 함께 '김강희홀' 앞에서

공사비가 부족하여 발전기금 모금 캠페인을 추진하고 있는 상황이라고 했다. 도서관 건물을 신축하고 요즘 젊은 세대의 눈높이에 맞추려면 생각보다 큰돈이 필요한 모양이었다.

도서관이야말로 학생들에게 반드시 필요한 공간이고 학교의 상징이라고도 할 수 있는데, 참으로 안타까운 노릇이었다. 이런저런 지원을 받을 수 있게 시청이나 교육부, 저명인사를 연결해볼 수도 있으나 실은 회사를 통해 돕고 싶은 마음이 가장 컸다. 하지만 이미 퇴임한 상태인지라 이야기를 꺼내기 궁색하여 고민이 되었다. 그런데 오히려 김동건 대표가 나를 대신하여 학교를 도울 수 있는 방법을 먼저 찾아보겠다고 했다.

동화엔텍의 큰 짐을 짊어지게 한 것도 미안한데, 내 마음을 헤아려주니 고마웠다. 김 대표는 2024년 8월 한국해양대학교에 통 큰 기부를 결정했다. 그 기부를 통해 한국해양대 도서관이 리모델링되고 다목적 강당인 '동화엔텍 김강희홀'도 선보이게 되었다. 바다 사나이로서의 삶을 시작하게 해준 모교에 이런 의미 있는 일을 하게 도와준 회사와 대표에게 고맙다.

전쟁통에도 학업은 이어진다

"너희들은 이제 우리나라 해운업, 조선업에 기여할 해양 인재로 거듭날 것이다. 대한민국이 해양 강국으로 도약하는 데 이바지할 수 있는 인재가 되길 바란다."

전국에서 딱 100명이 뽑혀 온 이들이 해양대학교에 모였다. 당시 해양대학교는 인천해양대학과 병합하면서 인천에 있다가 군산으로 캠퍼스를 옮겨온 상황이었다. 우리나라에서 처음으로 생긴 국립대학교이면서 진해고등상선학교가 전신인 특수한 대학으로 소수 정예 인원을 양성하는 교육기관이었지만, 제대로 갖춰진 것은 없었다. 그도 그럴 것이 당시는 6·25 전쟁의 와중이었다.

기관학과로 진학한 나는 처음으로 선박 기계를 접했다. 고등학교 시절 기계과에서 공부하면서도 시설이 열악했는데 대학이라고 해서 크게 수준이 나아진 건 없었다. 그래도 해양대학교라는 타이틀이 있으니 이전과는 다른 선박 엔진의 세계를 들여다볼 수 있었다.

군산에서 시작한 대학 생활은 초라하기 그지없었다. 전쟁 중이라 학교 건물조차 변변치 않았지만, 그래도 하고 싶어도 할 수 없는 이들에 비하면 특권을 누리는 것이었기에 열심히 공부했다.

"선박은 세 가지 특성이 있다. 부양성, 일단 물 위에 떠야 한다. 다음 적재성, 선박은 싣고 나르는 것이 목적이니 사람이든 물건이든 적재한 상태에서 부양성을 유지해야 한다. 마지막으로 이동성, 원하는 장소로 이동할 수 있는 이동성이 요구된다. 이러한 목적을 위해 엔진이 필요하다. 주 동력기관 부 동력기관, 추진 동력에 따라 선박이 구분되고 그에 적합한 엔진들로 구성된다."

새로 알게 된 선박의 세계는 넓고도 깊었다. 지금은 말할 것도 없지만 그때에도 선박은 다른 것에 비해 엔진의 종류도 많고 구조도 복잡했다. 오죽하면 엔진을 선박의 심장이라 하겠는가. 배움의 환경은 열악했지만, 공부는 언제나 즐거움이 있었다. 엔진을 하나하나 알아가고 실제로 배에 들어가 기자재라 불리는 설비 부품 공부를 하다 보면 시간 가는 줄 몰랐다.

그럼에도 아쉬움이 있었다. 대학에 들어간 해가 1952년, 전쟁으로 나라는 뒤숭숭했고 학교 캠퍼스마저 이리저리 옮기는 상황이었기에,

엔진 하나라도 더 살펴보고 싶은데 실습선마저 없어 운이 좋아야 실물을 볼 수 있었다.

그렇게 군산에서 1학년을 마치고 드디어 휴전이 되었다. 지긋지긋한 전쟁이 멈췄다는 소식에 모두가 가슴을 쓸어내렸다. 남북으로 나뉘어 싸우는 일이 일단 멈춤이라니 다행이었다.

“우리 학교는 이제 부산으로 옮긴다.”

휴전 이후 들려온 소식은 캠퍼스 이전이었다. 국방부에서 교육부로 소속 기관이 바뀌면서 대학교 역시 변화를 거듭했는데 그런 과정에서 부산으로 옮겨간다는 소식이 들려온 것이다.

학생들은 또다시 짐을 싸고 부산으로 향했다. 캠퍼스는 부산의 산중턱에 임시 거처를 마련했다. 막상 가보니 기가 막혔다. 명색이 대학교인데 제대로 된 건물은 고사하고 고등학교에 천막을 치고 공부를 해야 한다니 어안이 벙벙했다. 하지만 어쩌겠는가. 시대가 그렇고 학교 상황이 그러한 것을.

운동장에 군용 천막이 설치되고 학문(?)을 이어갔다. 비가 오는 날이면 천막에서 물이 줄줄 샜고, 비를 맞아가며 배웠다. 그나마 지붕 아래에서 공부하고 있는 고등학생들이 부러웠다. 학생들 사이에서는 불만이 나오기도 했다. 나라에서 공부를 시켜준다고 해서 왔는데 이런 열악한 환경 속에서는 배울 게 없다며 떠나는 이들도 있었다. 그래도 많은 학생들이 해양대 정신으로 무장하며 버텼다.

우리의 이상은 인격의 완성

우리의 생활은 진리의 탐구

우리의 사명은 칠대양 제패

우리의 각오는 바다에 매골

환경은 열악했지만 부산에서 2, 3학년을 보내며 선박 엔진의 세계로 좀 더 깊숙이 들어갔다. 선박용 주기관인 디젤기관에 대한 내용은 물론 작동 사이클, 기관 회전수, 사용 연료 등 여러 가지 변수에 따라 어떻게 분류되는지, 선박이 움직이기까지 엔진이 어떤 역할들을 하는지 공부해 나갔다. 훗날 나와는 뗄 수 없는 인연이 된 엔진 공기 냉각기 시스템에 대해서도 배웠다.

"엔진을 선박의 심장이라고 했지? 엔진 고장은 선박의 생명과 이어진다. 그렇기에 선박이 수명을 다하는 날까지 일정한 품질을 유지해야 한다."

학교가 워낙 특수한 목적을 지니고 있고 군과 연관이 있다 보니 다소 경직된 분위기도 있었지만, 엔지니어로서 기반을 다지기엔 적합한 환경이기도 했다. 철저한 점검과 정확한 조작 능력 등이 요구되는 엔지니어의 특성상 이러한 분위기가 유리하게 작용했던 것이다.

남의 집 더부살이 천막 캠퍼스 생활을 이어가던 중 또 한 번의 변화가 다가왔다. 당시 우리 학교는 지금의 위치로 캠퍼스를 옮겨갈 게

획을 실행에 옮기고 있었다. 부산 영도 근처의 조도라는 작은 섬에 신축 건물을 짓는 과정을 추진 중이었는데 당시 그곳은 보리밭이었다. 학교를 세우려면 길을 내야 하는데 밭 주인들의 반대에 부딪혔다.

주민들은 생활 터전을 잃는다는 생각에 학교가 들어오는 것을 반대했고, 해양대학교 입장에서는 이미 설립 허가가 난 사안이니 추진하려고 했다. 주민들과 갈등이 일어나면서 우리는 학교 측 입장이 되어 주민들과 대치하는 일이 잦아졌다. 싸우고 말리는 지난한 과정을 학생들이 고스란히 떠안아야 했다. 학교 건립에 학생들이 동원되었기 때문인데, 솔직한 심정으로는 어서 빨리 배를 타러 나갔으면 싶었다.

다행히 시간이 흘러 4학년이 되었다. 4학년이 되었다는 것은 실습생이 된다는 것을 의미했다. 더 이상 이론적으로 배우는 시간이 아닌 직접 실습을 통해 배우는 시간이 온 것이다. 내심 다행이었다. 다툼을 싫어하는 나로서는 숨통이 트이는 것 같았다. 그런데 또 다른 복병이 기다리고 있었다.

실습해야 할 실습선이 없었던 것이다. 해양대학교의 꽃은 실습 교육인데 도구가 사라진 것이다. 사연인즉 해양대학교 개교와 함께 YTM호라 불리는 320톤급 목조선을 실습선으로 도입했다. 그 뒤 KBM2 천안호라 불리는 실습선도 도입되며 해양대학 1, 2기생이 실습을 했으나 6·25 전쟁이 발발하면서 군으로 징발되었다. 그 뒤 단양호라 불리는 실습선이 도입되고 3기생이 함께 승선하여 실습 교육을 받았는데, 실습생이 승선한 채로 징발되어 군사 작전을 펼쳤다. 실습 교육이 실전 교육이 된 셈이다. 그렇게 파란만장한 실습 교육이 이루어졌으나 휴전된 후 수년간 실습선이 도입되지 않았다. 전후 복구로 온 나라가 어려운 때라 이해가 안 되는 것도 아니었다. 그럼에도 하필 실습선도 없는 시기에 4학년이 되었다는 건 참 얄궂다.

나와 동기들은 실습선을 구경도 못한 채 나막선 같은 배를 타고 실습을 했다. 하지만 그것으로는 역부족이었기에 학교에서도 이런 상황을 타파하고자 위탁 실습을 시작했다.

"학생들은 각각 두세 명씩 나누어 정해진 선사로 가서 분산 실습을 시작한다."

선사 위탁 실습은 소수의 인원이 실제로 운항하는 상선에 배치되어 승선 실습을 수행하는 것이나. 운항 중인 상선을 다며 배우는 것이기에 현실감 있는 실습이 가능하다는 장점이 있지만, 워낙 열악한 선박 환경과 선주의 협조 의지에 따라 상황이 달라지기도 했다. 한마디로 운이 좋아야 좋은 회사에 배치되어 배울 수 있단 의미였다.

다행히 나는 운이 좋은 편에 속했다. 위탁 실습을 받을 회사는 작은 배를 운영하는 선사였지만 외항선을 운항했기에 일본으로 가는 배에 오를 수 있었다. 일본이라니, 생전 처음 나가 보는 바다였다. 처음으로 나고 자란 조국을 벗어나 너른 바다로 나가는 기분은 왠지 모를 짜릿함으로 다가왔다. 그렇게 바다는 점점 가까워졌다.

통통배 타는 기관사

"외항선은 처음이지?"

"네, 그렇습니다."

"특별히 가르쳐줄 건 없고 일단 타보면 배우는 게 있을 걸세."

"알겠습니다. 잘 배우겠습니다."

실습생으로 오른 외항선에서의 생활은 녹록하지 않았다. 위탁 교육이라고 해서 친절히 가이드를 해준다거나 가르쳐주는 일은 없었다. 그저 선배 기관사들이 일하는 모습을 어깨너머로 보고 허드렛일을 돕는 정도였지만, 통통배 수준일지언정 실제 운항하는 선박을 보는 것만으로도 공부가 되었다.

'아, 이 배는 조타 장비가 저렇게 생겼구나.'

4학년 실습생으로서 실전을 익혀야 사회로 나갈 수 있다는 절박함에 뭐라도 하나 더 배우려고 노력했다. 귀찮아하는 선배 기관사들의 눈치를 보며 궁금한 것은 물어보고 시중도 들어가며 눈에 불을 켜고 배웠다.

우리가 오른 외항선은 주로 일본을 운항했는데, 처음 배를 타고 일본 항에 도착했을 때를 잊지 못한다. 그전까지 한국에 들어온 일본인을 봤을 뿐 일본이란 나라를 보지 못했기에 어떤 나라인지 가늠이 안 됐는데, 1956년에 외항선을 타고 도착한 일본은 확실히 달랐다.

'와… 일본은 잘사는 나라였구나.'

그동안 우리 민족에게 했던 그들의 만행은 잠시 잊히고, 어떻게 이 나라가 급성장했을까 궁금증이 생겼다. 아무리 패전국이라지만 내가 본 일본은 여전히 건재했다. 해방 후 10년이 지나면서 빠르게 복구한 것이다. 그들의 복구 능력이란 참 대단하단 생각이 들었다.

외항선이 최종 목적지에 도달하면 며칠 동안 짐을 내리고 싣는 일을 해야 하기에 시간적 여유가 있었다. 그때부터 선원들은 휴가였다. 주머니 사정이 좋지 않던 시절, 실습생에게 주어진 월급은 양담배 한 보루 값인 400원에 불과했다. 그게 어디냐 싶었다. 배우는 학생에게 최소한의 월급도 주니 그것으로 정말 필요한 물건을 구입할 수도 있었고, 학생인 나로서는 고마울 뿐이었다.

항구에 정박을 한 뒤 하선을 하면 주변에 즐비하게 늘어선 상가에 들어가 눈 호강을 잔뜩 했다. 한창 전후 복구에 여념이 없는 우리나라에서 볼 수 없는 물건들이 진열되어 있었는데, 기계를 공부하던 학생이다 보니 전자기기나 기계 제품을 볼 때면 나도 모르게 손이 갔다.

그때나 지금이나 궁금한 것은 못 참는 성격에 뭘 물어보면 일본 사람들이 친절하게 답변을 해주곤 했다. 일본과 한국의 관계가 껄끄러울 수도 있지만 나로서는 굳이 사람들과 그럴 필요는 없다는 생각이었다.

상가를 한 차례 돌아보며 눈 호강을 마치면 어떤 날은 본 것으로 만족할 때도 있었고 어떤 날은 고향에 계신 부모님께 드릴 물건을 사기도 했다. 그런 물건을 구입해서 고국으로 돌아오면 나도 모르게 싱글벙글했던 기억이 난다.

주로 일본을 왕복하며 외항선에서 실습을 마칠 즈음, 내가 따르던 선배 한 분이 나를 불렀다.

"김 군, 자네 졸업하면 우리 회사에서 일할 생각 없나?"

"아직 배울 게 많지만, 받아주시면 열심히 해보겠습니다."

"실습생으로 배 타면서 힘들었을 텐데 그동안 자네가 참 성실하게 일해서 주는 기회야."

"감사합니다. 열심히 하겠습니다."

말하자면 인턴십을 하던 회사에 정식 고용이 된 셈이다. 졸업을 하고 더 나은 직장을 찾아갈 수도 있었지만 실습생으로서 배를 타면서 좀 더 경험을 쌓는 게 중요하다는 생각이 들었기에 작은 회사에서 일할 기회를 잡기로 했다. 당시 해양대학교 학생에겐 군대 면제의 기회가 있어서 시간적인 여유도 생겼다.(안타깝게도 이 제도가 인정받지 못해 훗날 해군 35특교대에서 8주간 훈련을 받고 해군 소위로 임관과 동시에 병역을 필했다.)

동서해운에 정식 채용되면서 3등 기관사로 배에 올랐다. 규모가 큰 외항선은 아니었지만, 그래도 직급 체계가 확실히 잡혀 있었기에 상급자를 통해 실전 기술을 익히기 위해 많은 노력을 기울였다. 워낙 선사에서 도입한 선박들의 상태가 좋지 않아 거의 폐선 직전의 선박이었기에 보수하고 수리하는 작업이 많았다. 그러다 보니 기관사로서 엔진을 자세히 들여다볼 수밖에 없었다.

"이봐, 여기 증기왕복동 기관 좀 같이 보자고."

"가스가 기화되는 과정이 잘 이루어지지 않아 프로펠러가 작동하지 않는 것 같습니다."

"그러니까 스팀식이 문제가 많은 것 같아. 그래도 우리는 엔지니어니까 수리할 수 있을 때까지 해보자."

선박 안의 엔진을 들여다보고 부속 기계를 정비하는 작업을 담당하면서 점점 엔지니어로서 면면을 갖춰갔다.

2년여 동안 동서해운의 기관사로 외항선에 오르며 많은 곳을 다녔고 다양한 일을 했다. 때론 묵호에 가서 석탄도 나르고, 일본으로 가서 비료도 싣고 오는 등 원 없이 바다를 누비고 다녔다. 배를 타면

수개월 동안 항해를 하기 때문에 모든 생활이 배 위에서 이루어졌다. 대개 배 위에서 밥을 해 먹고 함께 잠을 자고 이야기를 나누며 작업을 했는데, 지금도 스팀을 이용해서 밥을 해 먹던 기억이 새록새록 난다. 특히 스팀으로 밥을 하면 누룽지가 생기는데, 제대로 된 간식도 없던 때였기에 누룽지를 간식 삼아 먹고, 일본 항에서 만나는 일본인들도 우리가 건넨 누룽지를 맛있게 먹던 모습이 떠오른다.

그러고 보면 사람 사는 모습은 비슷하다. 민족 간에 어떤 갈등이나 분쟁이 있었다고 하더라도 그건 국가 간의 문제일 뿐, 사람들은 부대끼며 살아가는 것 같다.

2년간 통통배로 바다를 누비면서 얻은 것이라면 업무로 봤을 땐 선박 엔진에 대해 실제적인 정비 보수 기술을 쌓은 것이고, 인간적으로 볼 땐 사람들과 인화할 수 있는 방법을 터득했다는 것이다.

통통배를 타는 기관사로서의 첫 사회생활은 2년의 시간이 흐르고 끝이 났다. 이미 더 큰 세상을 향한 도전 의식이 끓어오르고 있었고 준비가 되었다는 생각이 들었기 때문이다.

엔지니어, 선박 수리업에 눈뜨다

미국에서 부산으로 들어오는 길은 항상 불안했다. 미국으로 갈 때는 비교적 순탄한 운항이었지만 고국으로 돌아올 때의 바다는 얄궂었다. 요동치는 높은 파도와 맞서야 했는데 그 때문인지 배에도 여기저기 문제가 생겼다.

"기관사, 여기 엔진에 문제가 생겼어."

"기관사, 보일러실에 가봐."

처음에는 바람이 좀 분다고 생각했는데, 시간이 갈수록 바람이 거세졌다. 날씨 예보를 계속 확인한 바로는 태풍은 아니었는데 심상치 않았다. 배는 심하게 흔들렸고 갑판 위 선원들은 가만히 서 있지 못할 정도였다.

"오늘 밤엔 풍랑이 더 심할 테니 다들 바짝 긴장해."

막내 기관사인 나는 아래위를 오가며 부지런히 엔진을 점검했다. 어떻게든 문제없이 배가 도착해야 한다는 일념으로 날마다 긴장하며 시간을 보내다 보면 어느새 한 달이 훌쩍 지나갔다. 보통 미국에서 부산으로 오는 데 21~22일이 걸리는데, 파도와 맞서며 와서인지 거의 30일이 걸렸다. 거센 바람을 맞으며 어찌나 고군분투했는지, 항해를 마칠 즈음 선실에 걸어놓은 겉옷을 가지러 들어와 보니 구멍이 숭숭 뚫려 있었다.

저 멀리 부산항이 눈에 들어올 즈음, 선원들은 너나 할 것 없이 안도의 한숨을 내쉬었다. 고국으로의 입항을 반겨주듯 바람도 파도도 어느새 잔잔해졌다. 그제야 나도 깊은숨을 내쉴 수 있었다.

"휴… 어려운 항해였어."

"그러게. 난 얼마나 긴장했는지 볼일 보는 것도 까먹었다니까."

"하하, 저도요. 그래도 30일이란 시간이 어떻게 지나갔는지 모르겠어요."

"그건 그래. 이렇게 또 바다가 우리를 지켜주는구먼. 이 맛에 바다에 나가는 거 아니겠나. 그나저나 막내 기관사, 수고 많았어."

저마다 한 마디씩 위안 삼아 건네는 덕담을 들으며 비로소 안도했다. 바다라는 대자연 앞에서 인간은 한낱 먼지 같은 존재에 불과하지만, 자연 앞에 순응하며 나아갈 때 포근한 위로가 된다는 사실을 또

한 번 어렴풋이 깨달았달까.

쉽지 않은 항해를 무사히 마치고 부산항에 도착했다. 이렇게 기관사로서 기초를 쌓고, 옮겨 간 곳이 대한해운공사였다. 대한해운공사에 입사하게 된 것은 이 기업에 대한 강한 소원이 있어서다. 대한해운공사는 우리나라 해운 역사의 기초를 다지는 데 큰 역할을 해온 대한민국 최초의 공기업이었다. 1949년 출범한 기업이었기에 해양대학교와도 맥을 같이해 왔으며 해양대학교가 인재 양성소라면 해운공사는 필드였다. 그런 까닭에 대한해운공사는 해양대학 학생들에게 꿈의 직장이기도 했다.

나 역시 소망이 있었으나 워낙 경쟁률이 높은 곳이라 선뜻 도전하지 못하고 있었다. 하지만 작은 회사로 들어가 2년간 경험을 쌓으면서 점점 이직에 대한 생각을 굳히게 되었다.

'그래, 더 큰 곳에서 일해보자.'

취업에 성공하려면 전략을 세워야 했다. 대한해운공사는 해마다 공채로 인력을 선발했기에 많은 인재가 몰렸는데, 치열한 경쟁을 뚫고 합격하려면 특별한 뭔가가 필요했다. 실전 경험이나 시험 실력은 대부분 비슷할 테니 나만이 가진 특별한 것이 무엇일까 생각하던 중 외삼촌을 떠올렸다.

'아, 그래. 외삼촌이 계셨지. 그분께 조언을 구하면 되겠다.'

지금 같으면 언감생심 꿈도 꾸지 못할 일이지만 그때는 인맥이 통하는 시대였다. 당시 외삼촌은 지역 내에서 입지가 꽤 있는 분이었다. 활발히 활동하는 국회의원의 선거 참모를 지내셨기에 인맥도 매우 넓었다. 업무 특성상 기업이나 사람과의 관계가 긴밀할 수밖에 없으니 당연히 대한해운공사와도 인연이 닿을 것이란 생각에 외삼촌을 찾아갔다. 해양대학교를 졸업하여 기관사로 일하고 있음을 알고 계셨기에 본론부터 말씀드렸다.

"외숙, 저 대한해운공사에 꼭 들어가고 싶습니다. 기회를 알아봐 주십시오."

평소 내가 말수 없이 공부만 하고 성실한 사람이라는 것을 아셨던 외삼촌은 처음으로 찾아와 부탁하는 모습에서 절실함을 보셨는지, 더 묻지 않으시고 자신의 모든 인맥을 동원하여 대한해운공사에 면접이라도 볼 수 있는 기회를 만들어 주셨다.

다행히 그간의 경력을 인정받아 1958년 대한해운공사에 정식으로 입사하고 해기사의 길을 걷게 된 나는 마음껏 바다를 누비며 살았다. 대한민국 최초의 공기업으로 해운업의 발전을 위해 세워진 기업이다 보니 보유한 선박의 규모가 달랐다. 물론 전후 복구에 한창인 시점이었기에 선박 보유 현황 자체는 형편없었지만, 그래도 개인 회사와 달리 대한해운공사는 꽤 많은 종류의 선박을 보유하여 해운업을 하고 있었다. 화물 수송이 주를 이루었고 국내 운항을 비롯하여 일본, 태평양 건너 미국에 이르기까지 다양한 나라를 다녔다.

이곳에서의 첫 임무는 3등 기관사로 부산호를 타고 화물을 수송하는 일이었다. 우리나라가 보유한 선박이 20여 척은 되었지만 오래되고 낡은 선박이 대부분이었다. 그렇기에 엔진을 다뤄야 하는 기관사에게 배는 커다란 숙제장 같았다. 항해사가 컨트롤을 잘해야 하지만, 기관사로서 엔진이 멈추지 않고 잘 작동되게 하여 운항을 끝까지 성공적으로 끝내야 하기에 출항부터 입항까지 긴장의 끈을 늦출 수가 없었다.

부산호는 국내 화물을 싣고 이송하는 내항선이었다. 배에 오른 선원은 25~30명 정도였고, 외국만큼은 아니지만 꽤 오랜 시간 그들과 바다 위에서 시간을 보내며 주어진 임무를 다해야 했다. 억지로 친해질 필요도 없었다. 함께 먹고 자고 생활하다 보면 저절로 친해질 수밖에 없는 관계가 되기 때문에 묵묵히 주어진 자리에서 임무를 다했다.

첫 번째 선박을 타고 수행했던 업무는 성공적으로 끝이 났다. 화물을 내리고 싣기 위해 정해진 항구에 정박했을 때는 문제가 있는 부분을 점검하기도 하고 외부 인력을 빌려 수리를 하기도 했는데 다행히 모든 과정이 수월하게 진행되었다.

첫 임무를 수행하고 난 뒤 받은 첫 월급은 예전 회사보다는 많았지만, 넉넉하지는 않았다. 2년간의 해기사 경력이 온전히 보전받지는 못했지만, 불만은 없었다. 앞으로 더 나아질 일만 있지 않은가.

3등 기관사로 배에 올라 화물을 많이도 실어 날랐다. 대한해운공사는 주로 외항선 운항을 했기에 국내선보다 외항선에 많이 올랐는데, 덕분에 한 번도 가보지 못한 미국을 비롯한 유럽 땅도 밟을 수 있었다. 특히 미국 땅을 처음 밟았을 때의 놀라움을 잊지 못한다. 일본에 처음 갔을 때 놀랐던 것을 뛰어넘는 생활과 문화 수준에 잔뜩 주눅이 들기도 했다.

'와, 과연 미국은 뭐가 달라도 다르구나.'

땅덩어리도 워낙 넓었지만 사용하는 제품이나 거리의 풍경이 우리와는 천지 차이였다. 특히나 거리마다 차가 얼마나 많던지 선원들과 히치하이킹도 참 많이 했다. 동양인에 대한 편견이 강하던 시기였음에도 우리가 겁이 없었던 건지 좋은 사람들을 만났던 건지 어쨌든 새로운 문물을 맛보는 기분은 짜릿했다. 선원마다 여권처럼 선원 수첩을 하나씩 가지고 있었는데 미국을 다녀온 해의 수첩엔 무척 다양한 내용들이 기록되곤 했다.

해운공사에서의 업무는 기관사로 배를 타며 운항하는 것도 있었지만 육상 근무도 병행했다. 어떤 것이 좋다 나쁘다 평가할 수 없었다. 배 타는 것은 항해라는 매력적인 일과 새로운 환경을 접할 수 있다는 장점이 있고, 육상 근무는 선박업과 해운업의 체계를 알고 전체적인 업무 환경을 파악할 수 있다는 장점이 있었기에 그저 주어진 업무 내에서 최선을 다했다.

한 번 항해를 하고 들어오면 대부분 육상 근무를 이어갔다. 그러다가 다시 바다로 나갈 때는 3등 기관사에서 2등 기관사로, 그러다가 다시 육상 근무를 한 뒤 바다로 나갈 땐 어느새 1등 기관사, 기관장이 되었다.

그러는 동안 한국의 해운업이 발전하는 과정도 지켜볼 수 있었다. 열악했던 선박의 상황도 차츰 나아졌다. 제주를 다니던 여객선인 아리랑호, 미국으로 나가는 서해호, 용선을 하며 미국 남부와 캐나다 지역의 광석을 운반하며 항해하던 부산호 등 선박도 업그레이드되었고 엔지니어로서의 기술도 나아졌다. 물론 바다를 항해하는 일은 늘 위험에 직면해 있다. 1등 기관장이 되어 용선 업무를 진행하면서 북극에 가까운 캐나다 북쪽을 지날 때는 들이치는 파도에 겁도 없이 맞서 어떻게든 항해를 성공시키기 위해 모두가 힘을 합했다. 열악한 상황 속에서 어떻게든 살아남고자 하는 치열함이 우리의 민초 정신인 것처럼, 그때 우리 해기인들은 우리나라가 해양 국가로서 거듭나기를 바라는 마음 하나로 닥치는 대로 배우고 싸워 이기리란 정신으로 나아갔다.

왜 우린 못 만들까?

무역을 위해 외양으로 배를 띄우는 일은 돈이 많이 드는 일이다. 해양국으로 성장한 나라들은 이 과정에 정부의 재정적인 지원이 있었으나, 이제 막 해방이 된 우리나라 정부를 통한 지원은 언감생심이었다. 그렇다면 선복량을 증가시켜야 했는데, 이를 위해서는 일본으로부터 선박을 반환받아야 했다. 하지만 그 일도 요원했다. 해방이 되고 패망한 일본이 철수하면서 우리 선박을 가지고 가 숨겨두면서 관련 서류를 폐기하는 바람에 어려운 점이 많았다.

그러던 차에 다행히 부산항의 급수업자의 일지가 새로운 증거로 떠올랐고 그것이 근거가 되어 선박을 반환받을 수 있게 되었다. 우여곡절 끝에 일본으로부터 선박 반환이 확정되면서 신생 조국의 해운이 시작되었다. 그런데 그 반환 과정에 숨겨진 이야기가 있다.

1946년 반환된 천광호를 인수하러 우리나라 인수팀이 일본 하카다 항에 갔을 때의 일이다. 조금은 기대하는 마음으로 현지에 도착했는데, 선박의 상태를 보곤 깜짝 놀랐다.

"아니, 이거 보일러 기관을 전혀 쓸 수가 없잖아."

당시 반환 선박 대부분이 증기왕복동 기관이었는데, 얼마나 부두에 매어 놓았는지 너무 낡은 데다 녹이 끼어 있어 작동조차 하지 않았다. 알아보니 너무 낡아서 항해선으로 쓴 게 아니라 보일러에 해수를 넣고 가열하여 소금을 만드는 데 사용하고 있었던 것이다.

기관 작동이 불가한 상태에서 선택할 수 있는 방법은 두 가지, 일본 조선소에서 엔진을 수리하거나 교체해서 가져가거나 아니면 그냥 예인해서 가져가는 것이었다. 많은 의견이 오갔다. 일본까지 오는 데 들었던 비용과 국민의 실망감을 어찌할 것인가.

"우리 힘으로 한번 고쳐봅시다. 일단 해봅시다."

"옳습니다. 다 같이 수리 작업에 매달려 봅시다."

20일간 밤낮없이 기관의 염분과 녹을 제거하는 일을 이어갔다. 얼마쯤 지났을까. 기관장이 기관을 움직이자 이게 웬일인가, 묵직한 기계음을 내면서 작동되기 시작하는 것이었다.

"출항 준비, 출항 준비! 모든 부서 출항 배치 붙어!"

선내 방송이 울려 퍼지면서 선수와 선미의 계선줄이 풀리고 해저

선박 상태를 점검하기 위해 갑판 위에 오르는 일이 잦았다.

깊숙이 파묻힌 닻 양묘 작업을 한 뒤 마침내 하카다 항을 출항했다. 한국으로 오는 길도 만만치 않았다. 강력한 맞바람을 받아 가뜩이나 성능 약한 엔진 때문에 앞으로 나가는 것도 힘들었다. 그러나 천운인지 바람의 방향이 바뀌면서 무사히 부산항에 도착할 수 있었다고 한다.

해방 이후 우리나라 해운업이 자리 잡기까지의 역사 속에는 이렇듯 수많은 눈물 섞인 이야기들이 담겨 있다. 해운업에 몸담고 있는 사람으로서, 한국 해운의 항해 초기에 겪은 설움과 어려움, 그 속에서 민초처럼 든든히 버텨온 이야기를 들을 때면 나도 모르게 가슴이 뜨거워지곤 했다. 특히 선박 엔지니어로서 해운업의 역사 속 비하인드 스토리를 접하면 남다르게 느끼는 바가 있었다.

또 한 가지 전설로 내려오는 이야기는 고려호에 관한 것이다. 고려호는 부산항 앞바다에 침몰한 6,900톤의 일본 화물선을 우리나라 해운 회사가 인양 수리한 화물선으로, 1952년 전쟁 중이었음에도 이 선박은 국가적 환송을 받고 태평양을 향해 항해를 나갔다.

하지만 동경 180도선, 즉 날짜변경선을 통과할 때 기관 고장이 일어났다. 겨울철 북태평양 항해에서의 기관 고장은 심각한 문제를 초래한다. 기관이 정지라도 한다면 배가 복원력을 상실하여 침몰할 위험이 크기 때문이다. 초조해진 승무원들은 온통 기관부만 바라보았고, 기관부 직원들은 사선을 넘나들며 최선을 다했다. 처음엔 주기관인 피스톤 스커트에서 배기가 누설되더니 급기야 폭발가스 불꽃까지 튀기 시작했다.

"예비 부품, 예비 부품 없나?"

"기관장님, 이 배에는 예비 피스톤링이 없습니다."

"무슨 방법이 없겠나? 엔진이 멈추면 끝이야. 어떻게든 엔진을 움직여야 해."

"일단 속력을 줄여서 엔진에 부담을 줄이는 게 좋겠습니다."

부품은 물론 외국 선박에 대한 지식 부족, 워낙 낡은 선박 상태 등 모든 것이 불안정했다. 그럼에도 기관사들은 어떻게든 방법을 찾아냈다. 뜨거운 스팀 누출과 스커트 가열을 막기 위해 원시적인 방법까지 동원했다. 실린더 오일을 대나무 끝에 달린 천에 묻혀 밤낮으로 칠하면서 운전했고, 마침내 태평양을 건너는 데 성공했다. 전쟁 중이었음에도 부산항을 출항하여 태평양을 건너 미국 포틀랜드에 취항한 고려호의 이야기는 뭉클함을 안겨준다.

이렇듯 열악한 상황에서도 기관사들이 선박을 지켜내며 바다를 항해한 일화는 해운업 역사를 써 내려가고 있는 한 사람으로서의 자부심을 느끼게 해주었다. 뿐만 아니라 엔지니어로서 좀 더 발전적인 방향으로 나를 이끌었다.

한창 배를 타다가 육상 근무를 할 때였다. 당시 근무 형태는 육상 근무와 해상 근무를 병행하곤 했는데, 기관장으로서 몇 차례 항해를 한 뒤 육상 근무를 하며 다양한 부서를 경험했다. 자재과, 선박 사고를 처리하는 해사과를 거쳐 보직된 공무과는 운명과도 같았다.

공무과는 선박 수리에 전념하는 부서였기에 엔지니어로서 안성맞춤이었다. 엔진을 다루는 기관사로서 선박 수리에 관한 업무는 구체적이고 실제적이었기 때문이다.

"김 과장, 이번에 정기 정검할 때 엔진을 전반적으로 봐야겠어."

"어떤 문제가 있습니까?"

"배관에 문제가 많은 것 같아."

장비로 가득한 선박 기관실

"알겠습니다. 수리업체에 연락해 보겠습니다."

1960~70년대 우리나라 해운업은 활기를 띠었다. '웨이버제도'라고 하는 일종의 보호무역 제도를 마련해 '자국화 자국선' 정책을 이어갔고, 한국 해기 인력의 해외 취업이 시작되면서 선진국의 해운업을 경험한 이들이 유입되어 자연스럽게 한국 해운이 세계적인 규모로 발전해가는 데 역할을 했다.

이렇듯 발전선상에 놓인 시기였기에 선박 수리 분야 역시 외국 업체와 활발히 교류했다. 주로 해양 선진국인 일본이나 싱가포르 등으로 많이 갔는데, 처음에는 그들의 기술력을 부러워했지만 시간이 지날수록 한 가지 의문이 머릿속을 떠나지 않았다.

'우린 왜 스스로 문제를 해결하지 못할까?'

'왜 우리는 직접 수리하지 못할까?'

답답한 마음에 선배들을 붙잡고 왜 우리 기술력으로 선박 수리가 어려운지 묻기도 했다. 그러나 들려오는 대답은 그저 관행대로 하라거나 현실 회피적인 답뿐이었다.

배에 올라 엔진을 다루다 보면 워낙 오래된 선박이기에 엔진이 노후된 경우도 있고, 매뉴얼을 활용하지 못해 수리가 어려운 경우도 있었다. 물론 우리나라 인력들이 워낙 손재주가 좋아 잘 고치긴 했지만, 사양이 완전히 다른 엔진은 다른 곳으로 보내는 게 관례가 되었다.

하지만 공무 부서에서 업무를 진행하면서 이제 막 성장하려는 우리나라 해운업과 발맞추어 수리 분야도 발전해야 한단 생각을 지울 수 없었다. 무엇보다 행정적인 분야를 다루면서 귀한 외화가 수리 비용으로 너무 많이 지출된다는 게 안타까웠다. 원화에 비해 몇 십 배 더 비싼 달러가 빠져나가는 현실을 개선해보고 싶었다.

그때부터 나의 화두는 '왜?'가 되었던 것 같다. 사실 '왜?'라는 질문은 나는 물론이고 상대방도 피곤하게 만든다. 생각을 하게 만들기 때문이다. 그러나 그 생각이 또 다른 세계, 보지 못했던 세상을 열어준다.

33명의 생각으로 만든 종합해사

해기사들이 배 위 갑판에 옹기종기 모여 앉아 막걸리를 한잔 나누고 있었다. 정박한 선상이었기에 마음 편하게 있을 수 있었는데, 바닷바람이 살랑거리며 부는 가운데 기울이는 막걸리 맛은 끝내줬다. 하지만 대화의 주제는 그리 반가운 내용이 아니었다.

"부장님, 배 수리는 언제쯤 하는 겁니까?"

"수리회사랑 연락이 됐으니 아마 오늘 오후나 내일쯤 엔지니어가 올 거야."

"그나저나 이번에는 수리를 좀 제대로 해줬으면 좋겠습니다. 지난번 배관 수리하는 걸 보니 그 사람들도 사양서 봐 가면서 하는데, 시간은 시간대로 걸리고 운항을 해보니 딱히 나아진 게 없어요."

"아무래도 일본인은 일본 배를 더 잘 알겠지만, 이 배처럼 외국 선박은 자기네들도 사양서를 보고 공부하면서 수리해야겠지. 자네들도 답답하지만 나도 그래. 이건 뭐 돈 들여가며 일본까지 와서 부두에 정박시켜 놓고 고치는 데 며칠씩 걸리고, 전문가에게 굽신거려가며 수리를 요구하는데 제대로 고쳐지는 것도 없는 것 같아 답답해."

"이게 다 우리 기술로 만든 배가 없으니 수리 기술도 없어서 그런 거잖아요. 나라가 힘이 없어서 그런가 봐요."

답답한 대화가 이어졌다. 대한해운공사는 1960년대를 지나면서 많은 선박을 보유하며 해운업에 진출하고 있었으나, 정작 배에 대한 관리는 그 속도를 따라가지 못했다. 대한민국 조선업이 이제 막 시작하는 시점이었기에 그것을 감당하기에는 힘에 부쳤을 것이다.

공무부장으로 승진하여 선박 수리에 대한 전반적인 업무를 총괄하던 나로서는 매일 답답한 현실을 보며 많은 생각을 할 수밖에 없었다. 정기적인 수리나 특별한 이슈가 있어 선박 수리를 해야 할 때는 일본이나 싱가포르로 배를 가져가 그들의 기술을 빌려 수리를 하고 돌아와야 했는데, 엔지니어로서 그 일련의 과정이 비효율적이라는 생각을 지울 수 없었다.

하루는 선박 수리를 위해 일본의 대한해운공사 출장소에 가서 일을 보고 있는데, 본선의 수리를 맡은 엔지니어가 수리 신청서를 보내왔다. 전반적으로 이러이러한 부분에 문제가 있어서 수리를 신청하겠다는 내용이었다.

공무부장이니, 신청서를 살펴보며 선박 수리 여부를 결정해야 했다. 정해진 예산에 맞게 수리를 결정하는 것도 업무였기에 일단 외항에 정박 중인 배로 갔다. 당시 통통배라 불리던, 단순한 구조의 야키다마 엔진을 장착한 배를 타고 정박되어 있는 선박에 올랐다. 직접 눈으로 살펴보고 수리하는 사람과 대화를 나누며 수리를 결정한 뒤 작업에 들어갔다.

업무 지시를 마치고 다시 통통배를 타고 사무실로 들어가면 되는데, 그날따라 배에 머물게 되었다. 배 위에는 기관장을 비롯한 기관사와 선원들이 곁에서 수리 업무를 지켜보며 삼삼오오 모여 있었다.

"다들 수고가 많네."

"수고는요. 저희가 고치는 것도 아니고 다른 사람 고치는 거 지켜보고 있는 건데요."

"그게 참 답답하지?"

"그러게 말입니다. 언제까지 남의 나라 사람들 손에 배를 맡겨야 하는지 모르겠습니다."

"맞는 말이야. 그동안 계속 생각하고 고민했던 부분도 그거야. 왜 우리 손으로 직접 배를 고치지 못하는가 말이야. 자네들이나 나나 엔지니어로 배우고 경험했잖아. 언제까지나 남의 손에 우리 배를 맡기는 건 아닌 것 같아."

"그것도 맞는 말씀인데… 그렇다고 뾰족한 수가 있겠습니까?"

"우리가 할 수 있지 않을까?"

"우리가 한다고요?"

"엔진이라는 게 원리는 비슷하잖아. 노후된 선박의 엔진에서 문제를 일으키는 원인은 그동안 경험으로 알고 있고 수리하는 방법도 많이 지켜봤잖아. 또 힘을 합해서 일하면 못할 것도 없을 것 같은데."

"그것도 일리가 있습니다. 우리 민족이 또 한다면 하는 민족이잖습니까, 하하하!"

그날의 모임이 신호탄이 되었다. 우리 힘으로 배를 수리하면 좋겠다는 막연한 생각을 품고 있다가 마침내 '해보자'는 결심에 이른 것이다.

다만 회사를 차리기 위한 자본은 십시일반 모으기로 했는데, 그렇게 한 명 한 명이 더해져 같은 생각을 가진 33명의 사람이 한자리에 모였다. 그들 중엔 대한해운공사에 근무하는 근무자도 많았지만, 다른 선박 회사나 급유 회사에 근무하는 이들을 비롯해 동종업계에서 일하는 사람들도 있었다.

비장한 각오로 독립선언문을 작성한 33인과 같은 심정은 아니었겠으나, 그래도 한국 해운의 발전을 도모한다는 취지에 공감하고 의미 있는 일을 하자고 모인 이들이었으니 남다른 각오는 있었다.

"자, 우리 모두 우리 힘으로 배를 수리해 보자는 생각을 가지고 모였습니다. 다들 동의하십니까?"

"동의합니다."

"회사를 설립하려면 자본이 필요하고 서른세 명의 이사가 동일한 자본금을 출자하여 모두가 주인이 되는 회사로 운영하는 것에 동의하십니까?"

"네, 동의합니다."

지금 생각해도 어떻게 서른세 명의 사람이 같은 목적을 이루기 위해 모였을까 신기하다. 사람의 생각과 목적이 다를 텐데 아마도 그때는 우리 기술력 확보라는 엔지니어로서의 사명감이 더 컸던 것 같다. 게다가 한 사람당 200만 원이라는 적지 않은 돈을 투자금으로 제안했을 때 흔쾌히 제안에 응하고, 한 번도 시도해 보지 않은 서른세 명의 주인(주주)으로 이루어진 회사, 그것도 한국 기술력으로 처음 시도하는 회사에 선뜻 뜻을 함께하다니 모두의 용기와 결단이 대단하다는 생각이 든다.

뜻을 모아 선박 수리 회사를 시작하기로 협의한 것까지는 좋았는데 막상 사업을 진행하려다 보니 한 가지 문제가 생겼다. 누군가 회사 대표를 맡아야 하는데 나서서 용기를 내는 사람이 없었다. 한 번도 회사를 운영해본 적 없다는 부담감과 33명의 뜻을 하나로 모아 회사를 운영해야 한다는 또 다른 부담, 게다가 안정적인 직장을 그만두고 회사 경영에 올인해야 한다는 점이 주저하게 만든 것이다.

"자, 누구든 뜻이 있는 분은 대표에 응해 주십시오. 회사라는 게 자고로 대표가 있어야 하는데, 누군가는 총대를 메고 회사를 이끌어 가야 하니 적극적으로 나서 주십시오."

아무리 권유를 해도 마찬가지였다. 오히려 이 일을 처음 주도한 내가 대표를 맡아야 한다고 암묵적으로 합의한 듯했다. 나로서는 고민이 되었다. 회사를 경영하는 일은 한 번도 꿈꿔본 적이 없었기에 어떻게든 변명거리를 찾아야 했다.

그러던 중 좋은 핑곗거리가 생겼다. 당시에 새벽마다 영어 공부를 하러 다녔는데, 마침 부산에 우유가 보급되던 시기라 근로자들을 위해 토스트를 만들어 파는 것이 유행이었다. 그날도 영어 공부를 하러 가던 중 우유와 토스트를 사 먹었는데, 갑자기 배가 살살 아파오더니 토사곽란(吐瀉癨亂)이 일어났다. 식습관 때문인지 한창 살이 찌고 있는 데다 속까지 좋지 않은 상황이 되었고, 건강이 좋지 않다는 사실을 어필할 수 있게 되었다. 게다가 부산에 종합검진을 받을 곳이 마땅치 않아 서울로 가야 했다.

"내가 요즘 건강이 좀 좋지 않아. 일단 다음 주에 서울로 올라가 건강검진을 받아보고 그다음에 얘기합시다."

결정을 보류하고 다음 주로 잡힌 건강검진을 기다렸다. 막상 서울 병원에서 건강검진을 받으려니 정말 무슨 문제라도 있으면 어떡하나 불안이 밀려왔다. 말이 씨가 되면 안 될 텐데 염려하는 마음을 안고

33인의 뜻을 모아 시작한 종합해사 현판식(1974)

서울로 올라와 건강검진을 받았다. 체중이 늘어났고 소화기에 문제가 있다 느꼈기에 상당한 걱정이 있었다. 그러나 약간의 위궤양이 발견됐을 뿐 결과는 괜찮았다.

막상 그렇게 되니 대표직을 맡는 게 운명인 듯 느껴졌다. 누군가 책임을 져야 한다면 이야기를 먼저 꺼낸 내가 책임지는 게 맞다는 생각이 들었고, 그 길로 부산으로 내려가 선언했다.

"알겠네. 자네들 뜻이 정 그러면 내가 회사 대표직을 수락하지."

그 뒤 나에겐 잊히지 않을 직장이자 해기사로서의 인생을 꽃피우게 해준 대한해운공사와는 이별하고, 33인의 지주로 구성된 선박 수리업체인 주식회사 종합해사의 대표이사가 되었다.

종합해사는 이처럼 우리의 기술이 부족하여 외화를 써야 하는 안타까운 현실을 타개하자는 단순한 생각에서 시작하여 선박을 직접 수리해 보자고 의기를 투합한 회사다.

각각의 이사들이 200만 원씩 출자한 자본금 6600만 원의 종합해사는 한국 해기사들이 순수한 우리 기술로 선박을 수리하겠다는 일념하에 탄생했고, 그때부터 나는 회사의 경영 책임의 길을 걷게 되었다. 사회생활을 시작한 지 18년 만에 시작한 새로운 도전이었다.

일본인 멘토,
창업의 씨앗을 뿌리다

1974년 부산 영도에 차린 종합해사는 초기 자본금이 6천만 원 넘게 있었기에 선박 수리를 하기 위한 최소의 장비와 인력을 구축하기 시작했다. 다행히 수리회사를 시작한다는 소식에 몇몇 동료들이 함께 일하겠다는 의사를 비쳤다.

"선배님, 저도 이제 배 그만 탈랍니다."

"그래? 그럼 우리 회사에서 같이 일해보지 않겠나?"

"저야 뭐 선배님이 일하자고 하면 오케이입니다."

"처음이라 힘이 들 거야. 월급도 많이 못 줄 수 있어. 하지만 회사에 이익이 생기면 당연히 직원들과 나눌 거야. 그건 장담하지."

"알겠습니다. 선배님, 일단 한번 해봅시다."

그렇게 의기투합한 인력 두 명과 함께 회사를 시작했고, 그들과 수리 공장에 필요한 장비를 구입했다. 선반 3대, 레디얼볼판 1대, 세파Sepa기 1대, 용접기 등 수리에 필요한 최소한의 장비를 구입하고 공장장과 인부를 뽑으니 얼추 회사의 얼개가 잡혔다.

철공소를 얻어 새롭게 차린 종합해사는 척박한 환경에서 선박 수리 영업을 위해 뛰어야 했다. 마치 온실 속 화초가 비바람 몰아치는 광야에 내몰린 것과 같았다. 그나마 다행인 건 주주들이 여러 회사에 포진되어 있어 영업을 하기에 용이하다는 사실이었지만, 어차피 일을 따내는 건 회사의 몫이었다.

"안녕하십니까. 이번에 저희 해기사들이 뜻을 모아 한국 선박 수리회사를 창업했습니다. 우리 기술로 배를 고쳐보자는 취지로 만든 회삽니다. 크든 작든 선박 수리를 맡겨주시면 최선을 다하겠습니다."

"좋은 일 시작하셨네요. 알았습니다. 일이 생기면 곧 연락드리겠습니다."

"네, 웬만한 기술은 저희도 갖추고 있으니까 꼭 연락 주세요."

이제 막 생긴 수리회사를 알리기 위해 전 직장이었던 대한해운공사는 물론 크고 작은 선박 회사를 찾아가 선박 수리 영업을 했다. 처음에는 다들 우리의 취지에 공감하면서도 막상 일을 맡기지 않았는데, 그도 그럴 것이 기존에 거래하던 곳이 있는 데다 한국에서 선박을 수리한다는 의식이 자리 잡히지 않았기 때문이다.

이를 타파하려면 작은 일에서 신뢰를 얻어야 했다. 작은 부분에서 우리 실력을 보여줘야 믿고 또 다른 일을 맡길 테니, 이 간단한 진리를 실현하기 위해 노력을 기울였다. 아무리 작은 일감이 들어와도 마다하지 않고 최선을 다해 수리를 도왔다. 정박되어 있는 배로 들어가 고장 난 엔진을 고치기도 하고, 엔진의 부품을 교체하는 작은 일에도 서비스 정신을 발휘해서 고객과 만났다.

그러다 보니 선박 수리나 점검을 위해 외국으로 가야 하는 일에 부담을 느끼고 있던 선주들이 우리 회사에 관심을 갖게 되었고, 자그마한 일부터 하나씩 맡기기 시작했다.

종합해사는 영역을 넓혀가기 시작했다. 우리나라의 선박 회사만 거래할 것이 아니라 우리나라에 진입한 일본 엔진 회사가 많다는 점에 착안하여 일본 회사 쪽으로 영업 라인을 구축했다. 그동안 배를 타고 일본을 오가며 알게 된 선박 회사뿐만 아니라 공무부장을 지내며 선박 수리 업무로 알게 된 엔진 회사와 연락을 취하며 적극적으로 뛰었다.

그 결과 1977년부터는 일본 IHI 서비스 대리점, 다이하츠Daihatsu 디젤엔진 서비스 대리점, 타쿠마 크레이턴 보일러Takuma Clayton Boiler 서비스 대리점 계약을 맺어 전반적인 엔진 수리를 대행할 수 있었다. 뿐만 아니라 니시다 보일러Nishida Boiler, 다이치 파이어 펌프Daichi Fire Pump 등의 판매를 대리하는 계약을 맺는 등 영업 판로가 넓어졌다.

영도에서 시작한 회사는 부산 양산에 공장 부지를 매입하며 새로운 도전을 이어갔다. 수리회사로 시작한 회사를 이어가다 보니 선박업과 해운업의 발전에 발맞춰 그 자리에 머물면 안 되겠다는 생각이 있었다. 영업을 위해 조선업 선진국인 일본을 드나들며 선박, 조선업 기술력이 나날이 발전하고 있으며 앞으로의 발전 가능성이 크다는 것을 느낄 수 있었고, 이는 당연히 우리나라에도 영향을 미치리라는 판단이 섰다. 그렇기에 선박 수리업 회사로서 지금의 수준에 머무르지 않고 정체성을 굳히기 위한 도전이 필요했다.

"아무리 선박 수리업 회사라고 하지만 단순 수리하는 것에 머물러 있으면 안 됩니다. 제조업으로 나아가야 합니다."

"제조요? 글쎄요, 기계를 만들 수 있을까요?"

"못할 게 뭐가 있습니까? 우리나라의 산업이 발전하는 이유가 제조 덕분입니다."

"그나저나 주주들이 찬성할까요?"

"다들 같은 분야에 있는 분들이니 제조에 대한 필요는 공감할 겁니다."

그때부터 선박 수리업에서 제조업으로 나아가야 한다는 생각을 강하게 어필하기 시작했고, 모두들 이러한 필요에 공감했기에 종합해사는 제조업으로의 도전을 강행했다.

양산 공업단지에 공장 부지를 매입하고 종합기계라는 제조업체를 만들기로 했는데, 문제는 자본이었다. 여전히 종합해사는 창립한 지 6년이 지났을 뿐인 신생 회사였기에 투자할 자본이 없었다.

회사의 대표를 맡고 있던 나는 고민이 깊어졌다. 어떻게 돈을 마련할 수 있을까 궁리하던 중 선배를 찾아갔다. 라스코 해운회사를 경영하는 선배는 바둑을 좋아했기에 나와는 바둑 친구로 지내기도 했는데, 그날은 작정하고 선배의 회사로 찾아가 바둑 한 판을 두자고 했다. 한참 바둑이 이어졌고 선배는 넌지시 내가 찾아온 목적을 물어왔다.

"선배님, 종합해사에서 제조업을 시작하려고 하는데 자본이 없습니다. 제조업을 하려면 공장 부지도 필요하고 기계도 필요한데, 시작한 지 얼마 안 된 회사다 보니 투자할 여유 자금이 없습니다."

"음. 그렇군. 기계를 만들려면 보통 어렵지 않을 텐데…."

"맞습니다. 그래도 회사가 크려면 우리 기술이 필요하고 우리 제품이 필요하잖습니까."

"그건 그렇지. 얼마가 필요한가?"

"일을 시작하려면 계약금이 필요한데 400만 원 정도 융통해 주셨으면 좋겠습니다. 절대 떼먹지 않겠습니다."

"알았네. 회사가 아니라 자네를 믿고 빌려주지."

그렇게 400만 원의 계약금을 들고 기계 제조업체인 종합기계를 설립했다. 창업 7년 만에 계열사를 두게 된 것이다.

제조업이라는 것이 시작하자마자 좋은 결과를 내는 것이 아니기에 내부에서 이런저런 이야기가 흘러나오기도 했다. 그래서 그 길로 종합해사 대표직을 사임한 뒤 종합기계 대표로 전력투구했다. 이때 제조업에 관여했던 것이 동화엔텍을 경영하는 기초가 되었음은 두말할 여지가 없다.

제조업으로의 도전은 쉽지 않았다. 무엇을 만들어야 할지 모르는 상황에서 일단 조선업이라는 먹던 밥상에서 일거리를 찾았고, 평소 알고 지내던 조선소의 인맥들을 찾아다니며 일거리를 구걸하다시피 했다. 처음에는 파이프 스풀에서 시작하여 할 수 있는 일이라면 다 했다. 하지만 그것만으로는 부족하여 독자적인 제품을 구상했다. 그 결과 용접 자동화 주변기기 등을 제조하는 등 종합기계는 제조업체로 자리를 잡아갔고, 종합해사는 수리업뿐 아니라 제조업까지 가능한 회사로 성장할 수 있었다. 지금까지도 종합해사나 종합기계는 관련 업계에서 건재한 중견 중소기업으로 인정받고 있는데, 그 시작을 함께 한 사람으로서 매우 큰 자부심을 느낀다.

한창 종합해사 대표로 동분서주하고 종합기계 등 계열사 확장을 꾀하며 바쁘게 지내고 있을 즈음, 나에겐 남모를 고민이 하나 생겼다. 창업에 대한 고민이었다. 엄밀히 말해 종합해사는 모두의 회사이고 모두가 주인인 기업이었기에 나조차 나의 기업이라는 개념은 크게 없었다. 이러한 사실에서 비롯되는 장단점도 있었는데 토카이독 사장은 그 점을 나에게 계속 인식시키며 창업을 권유한 사람이다.

토카이독 사장과의 인연은 종합해사 대표로 일하고 있을 때 시작되었다. 하루는 조양상선에서 일하는 기술감독에게서 연락이 왔다.

"김 사장님, 지금 일본에서 조선 기재자업을 하는 분이 오셨는데 부산에 선박 수리를 잘하는 업체를 찾는다고 하셔서 사장님을 소개하고 싶습니다. 한번 만나보시죠."

일본은 중요한 고객이었다. 많은 선박이 일본에서 만들어져 들어왔기에 엔진 기술력도 뛰어났고, 영업망을 구축하면 큰 이익이 될 상대였다. 토카이독 사장은 선박에 사용되는 열교환기를 만드는 업체를 운영하고 있다고 했다.

우리는 금세 친해졌다. 실제 그 회사의 제품의 수리를 종합해사가 맡아서 하기도 하고 비즈니스를 했지만, 그 외에도 인간적으로 가까워졌기에 이런저런 이야기를 나눌 수 있었다. 하루는 그가 내게 한 가지 제안을 했다.

"김 사장님, 여러 명이 함께 만든 회사 경영하는 거 어렵지 않습니까? 제가 곁에서 지켜보니까 김 사장님은 일에 대한 열의도 넘치고 대표로서 경험도 있으시니 독립해서 회사를 시작하는 것도 좋을 것 같습니다."

"네? 저는 따로 나와서 사업한다는 생각은 해본 적도 없습니다. 그리고 저희, 주인은 많지만 잘하고 있습니다. 또 다들 저를 믿어주고요."

"그건 아주 다행입니다. 하지만 여러 명이 지주로 있는 회사는 성장에 한계가 있을 수 있어요. 앞으로 한국의 산업이 더 발전할 텐데 거기에 발맞춰 회사를 키워보세요. 제가 일본에서 열교환기 제조를 하고 있으니 그쪽 수리업으로 특화해서 해보는 건 어때요. 하신다면 제가 적극적으로 도와드리겠습니다."

그는 그냥 하는 소리가 아니라 진심을 담아 여러 차례 권유했고, 어느 순간 그의 말이 가슴에 남기 시작했다. 33명의 지주가 이끄는 회사를 이끌면서 나름 많은 장점도 있었지만, 의사결정이 어렵고 일의 진행 속도가 더디다는 한계를 느끼고 있는 터였기에 마음이 흔들렸다.

한편으론 내가 과연 여기를 나와 진정으로 독립된 업체를 꾸려갈 수 있을지 걱정스럽고 또 한편으론 새로운 도전이 과연 맞을지 두려웠다. 이미 40대를 훌쩍 넘은 나이, 다섯 식구의 가장으로 뭔가를 새롭게 시작한다는 것이 큰 부담으로 다가왔다.

하지만 그는 가벼운 제안으로 그치지 않고 나와 만날 때면 거듭 제안했다. 진심이었다. 진심을 다해 돕겠다는 말과 실제적인 도움 계획까지 듣자 나도 모를 도전의식이 저 밑에서 끓어올랐다.

'그래, 못할 것도 없다. 도와준다는 사람도, 도와줄 수 있는 환경도 있는데 기회는 왔을 때 잡는 거다. 도전해 보자.'

지금도 나는 부산 영도를 찾아와 술잔을 기울이며 진심 어린 이야기를 나눈 토카이독 사장을 떠올리면 늘 고맙다. 동화엔텍이란 기업의 씨앗을 뿌릴 수 있도록 도와준 장본인이 그였고, 지천명의 나이에 들어선 나를 독려해준 친구였기 때문이다.

아직도 동화엔텍 화전 공장에는 당시 토카이독 사장이 나에게 준 수석(壽石) 선물이 있다. 그것을 볼 때마다 젊은 시절 나의 도전이 생각나고 이미 고인이 된 그에 대한 고마움이 더해진다.

몇 해 전 토카이독 사의 임직원이 동화엔텍을 방문한 적이 있다. 그네들 역시 일본 조선소의 성장과 쇠퇴의 역사를 같이했고, 이제는 토카이독 사보다 규모 면에서 훨씬 커진 동화엔텍을 보면서 한편으로는 놀라움을 또 한편으로는 뿌듯함을 느끼는 듯했다. 참으로 오묘하고도 귀한 인연 덕에 기업이 탄생하고 그 인연이 이어지고 있는 것을 보면 사람과 만남이 얼마나 중요한지 새삼 깨닫게 된다.

도전은 아름다운 욕심에서 시작한다.

못한다는 말은 아무것도 이루지 못하지만

해보겠다는 말은 기적을 만든다.

도전은 해보자는 아름다운 욕심에서 시작해

해내는 기적을 만든다.

PART 3

탐하다 :

우리 기술을 향한 도전

Dong Hwa

열교환기 설계의 원천기술에 대한 욕심

"사장님, 플레이트 타입Plate Type 열교환기 쪽으로 한번 도전해보면 어떨까요?"

"플레이트 타입이라… 지금 우리 회사가 집중하고 있는 분야는 아니지 않나?"

"그렇긴 합니다만, 선박에는 다양한 열교환기가 필요하고 플레이트 타입 열교환기 기술력도 반드시 확보되어야 합니다."

"그렇긴 하지. 지금 플레이트 분야도 독점하고 있는 외국 회사가 있을 텐데 어떻게 하면 좋겠나?"

"맞습니다. 현재 알파라발Alfa Laval 사가 거의 독점하고 있어서 진입 장벽은 높겠지만, 저희는 시장 일등 경쟁사를 겨냥하는 게 좋을 것 같습니다. 마침 제 친구가 스웨덴의 리히트Reheat 사 국내 대리점을 하고 있는데 그 회사에서도 플레이트 열교환기를 만듭니다. 꽤 실력이 좋은 것으로 알고 있습니다. 그 회사와 기술제휴를 맺는 건 어떨까 싶습니다."

"좋은 생각이야. 한번 추진해 보자고."

종합해사를 나와 새롭게 창업한 동화정기는 반여동 공장을 기반으로 한창 성장 중이었고 새로운 도전을 위해 뛰고 있었다. 기업은 물 흐르듯 변화해야 한다. 국산화 제품 하나 성공했다고 안주할 수 없었다. 산업의 환경은 언제나 변화하고 그 흐름 속에 반보 앞서가야 했기에 시장을 빠르게 파악하고 과감히 도전했다. 플레이트 열교환기 분야로의 도전 역시 그 연장선상이었다.

1986년 동화정기는 현대엔진의 국산화 엔진용 공기 냉각기를 부착하여 시운전에 성공하며 다수의 프로젝트 수주와 함께 생산공정을 차근차근 정립해 나가고 있었다. 이러한 수주는 회사의 재정적 성장과 함께 대외적인 이미지를 제고하는 데 큰 역할을 하며 기반을 잡아 주었다.

1987년 그간 종합기계의 대표와 동화정기의 대표 등을 맡으며 분주하게 지내던 것에서 벗어나 비로소 회사 경영에 올인할 수 있게 되면서 또 한 번 사무실 이전을 결정했다.

5년 동안의 해운대 반여동 생활을 멈추고 선택한 곳은 양산이었다. 300평 규모의 공장 부지를 확보하면서 설비 규모도 늘었고 생산 인원도 25명으로 늘어났다.

"동화정기는 모두가 가족이라는 마음으로 하나로 똘똘 뭉쳐 지금까지 왔습니다. 고맙게도 창업 5년 만에 안정적인 영업 네크워크와 기술력을 갖춘 회사로 인정받게 되었고, 여러분에게 그 공로를 돌립니다. 양산 공장으로 새롭게 확장하여 이사했으니 본격적으로 기치를 올립시다!"

동화정기는 1987년 5월, 경남 양산 290여 평의 자체 공장을 신축하여 가동을 시작했다. 그동안의 땀과 노력의 보람이 양산 공장이라는 결실로 나타난 것이다. 양산 공장을 가동하면서 본격적으로 육해상용 발전기 및 모터에 필요한 공기 냉각기를 중점적으로 생산했다.

동화에서 만든 제품은 조선사와 선주들에게 호평을 받기 시작했고, 국내의 대표적인 조선사와 계약을 맺고 수주를 받을 정도로 명성을 쌓아갔다. 쌍용을 비롯해 현대엔진이라는 굵직한 조선사와 협력관계를 맺자, 그곳 출신 임원들이 다른 기업으로 옮겨가면서 동화정기의 제품을 찾는 등 영업 네트워크는 더욱 견고해졌다. 물론 그 바탕에는 우리 회사 제품에 대한 신뢰와 믿음이 있었다. 공장은 날마다 성황이었고 영업활동은 날개를 달았다.

정부에서도 최초로 조선기 자재 국산화에 성공한 중소기업이라는 점을 잘 봤던 것 같다. 어느 날, 한창 공장을 둘러보며 직원들과 작업에 대해 이야기를 나누고 있는데 한 직원이 잰걸음으로 다가왔다.

"사장님, 우리 회사가 상을 탔어요!"

"상? 무슨 상?"

"상공부에서 주는 우수기업상이래요. 거기에 우리 회사가 선정됐답니다."

"그것 참 반가운 소리로군!"

언제나 수상은 기쁘다. 상공부장관이 수여하는 우수기업상에 동화정기가 선정되었다는 소식을 들으니 가슴 한구석에 뿌듯함이 밀려왔다. 7년 전, 미래에 대한 어떤 장담도 할 수 없는 분야에 도전장을 내밀 때 물론 꿈은 꾸기는 했지만 이렇게 빨리 성과를 거둘 줄은 몰랐다. 그저 끝까지 도전해 보자는 마음으로 성실과 인내로 노력했는데 이런 결실로 보상받다니 감사할 뿐이었다. 동화정기는 이듬해에도 중소기업진흥공단에서 선정하는 유망중소기업으로 선정되는 등 많은 수상 리스트를 갖게 되었다.

중요한 것은 상의 유무가 아니라 노력하면 인정받는다는 만고의 진리를 다시금 깨닫게 된 것이다. 그저 앞만 보고 노력하면 되었다. 그런 까닭에 이미 잘되고 있는 자리에 머물지 않고 계속 기술을 탐하며 노력해 나갔다.

플레이트 열교환기 기술 확보도 그런 맥락에서 이루어졌다. 스웨덴 리히트 사의 국내 대리점을 하고 있는 인맥을 통해 본사 기술팀과

1988년 플레이트 열교환기 기술 제휴를 맺은 스웨덴 리히트 사 관계자와 함께

연락을 취했다. 이제 막 열교환기 분야에 뛰어들어 생산을 시작한 업체가 기술 제휴를 제안하니 그쪽에서 그리 적극적인 태도는 아니었다. 당연했다. 아무리 대가가 따라온다 해도 기술을 이전하는 것에 대한 부담이 있기 때문인데, 급한 것은 우리 쪽이었기에 적극적으로 다가섰다. 무엇보다 이제 개발도상국으로서 한국이 조선과 해운 분야에 얼마나 관심이 많은지, 앞으로 어떤 가능성을 품고 있는지 어필하며 파트너십을 강조하며서 함께할 것을 청했다.

마침내 88서울올림픽 개최를 앞둔 3월 스웨덴 리히트 사와 플레이트 타입 열교환기 라이선스 계약을 체결하였고, 그때부터 그 기업의 제품을 국내에 일부 공급하며 우리도 기술 개발에 참여할 수 있었다.

이로써 공기 냉각기 위주의 단일 제품 생산에서 범용적인 다관원통형Shell and Tube 열교환기로 확장하고 플레이트 열교환기 기술까지 확보함으로써, 산업용 열교환기 기업으로서의 라인업을 일부 완성하게 되었다.

이처럼 기술의 포문을 열면서 또 하나의 쾌거를 함께 이루었는데, 바로 COPT 콘덴서를 개발한 것이다. COPTCargo Oil Pump Turbine 콘덴서는 유조선의 원유를 하역할 때 필요한 장비로 다관원통형 열교환기의 한 종류인데, 개발하기 매우 까다로운 것으로 알려져 있었다. 유조선에 들어가는 이 열교환기는 진공 상태에서 운전되기 때문에 진공 상태를 만드는 장치가 동시에 필요하다. 따라서 설계와 제작 모두 복잡하고 어려운 기술이 요구되어 쉽게 국산화되지 않았다. 끈적한 원유를 하역할 때는 큰 동력이 필요한데 그때 사용되는 COPT의 성능에 직접 영향을 미치는 중요 설비라서 쉽게 국산화는 시도조차 못 하고 있는 상황이었다.

"COPT용 콘덴서 개발만 잘 된다면 참 좋을 텐데."

"그러게요. 핵심은 진공 장치의 스팀 이젝터Steam Ejector 설계 기술인데 그게 참 어렵습니다."

"무슨 방법이 없을까?"

"현대중공업에서도 진공 장치 국산화를 시도했다가 실패한 경험이 있어서 더는 적극적으로 못 나서는 것 같습니다."

"어떻든 우리는 가능한 한 많은 분야의 국내 기술력을 확보해서 부품을 만들어내는 것이 목표이니 적극적으로 길을 모색해보세."

전문 분야인 열교환 설계 기술은 점차 확보해가고 있었지만, 스팀 이젝터 같은 유체 역학적 장비를 설계하는 기술은 접근할 수 없는 영역처럼 느껴졌다. 연구원들을 통해 알아보니 최근에는 전산 해석CFD을 통해 설계 방법을 검증하고 시제품을 만들어, 시험 평가 전에 형상을 최적화하고 성능을 예상한다고 한다. 이러한 기술력의 발전을 접할 때면 대한민국 40년의 성장이 그냥 이루어진 것은 아님을 다시금 느낀다.

어쨌든 당시에는 어떻게 하면 국내 기술력으로 부품을 제작할 수 있을까 하는 게 관건이었다. 관련 업체 뿐 아니라 모기업 기술진과도 의견을 나누어 보았지만, 이미 일본의 사사쿠라Sasakura 사에서 독점으로 제품을 공급하기에 장벽을 뚫기가 쉽지 않았다. 겨우 찾은 방법은 전체를 국산화하는 것이 아니라 진공 장치는 사사쿠라 사에서 공급하되 본체는 우리 회사가 제작하여 공급하는 것이었다.

이 과정에서도 사사쿠라 사의 반발이 만만치 않았다. 일본 입장에서는 우리나라가 자꾸만 기술을 확보하려고 하는 모습에 바짝 경계가 되었을 터이다. 하지만 절실함으로 치자면 우리가 더 크지 않은가. 그런 까닭에 사사쿠라 측을 설득하고 합의점을 끌어냈고, 비로소 COPT

국산화에 성공한 동화정기의 COPT용 콘덴서

콘덴서 개발의 포문을 열게 되었다.

이러한 노력은 외부에서 먼저 알아보았다. 당시 국내에 6개 정도의 대형 조선소가 있었는데 그 모두에서 우리 회사의 제품에 관심을 가졌다. 또한 외국 선급으로부터 승인 공장으로 인정받는 등 조선 기자재를 다루는 부품업체로서는 최고의 인정을 받게 되었다. COPT 콘덴서, 플레이트 열교환기 등의 기술과 제품이 동화의 온전한 기술로 자리잡기까지는 이후로도 많은 일들이 있었다. 동화는 편안한 자리에 머무르지 않고 달려왔으며 여전히 달려가고 있다. 그것이 바로 동화의 모습이다.

희망의 무지개

"사장님, 지금 무지개 공단에서 공장 지을 땅을 분양한다는 소식이 있던데요?"

"그래? 무지개 공단이라면 다대포?"

"맞습니다. 공고가 났습니다."

부지 공고에 늘 촉각을 곤두세우고 있던 차였다. 양산으로 옮겨 본격적인 생산라인을 가동하면서 공급량이 늘고 제품의 종류도 늘어가고 있었기에 공장은 늘 비좁았다. 그러다 보니 자연스럽게 공장 이전 이야기가 나왔고, 어디가 좋을지 물색하면서 무지개 공단이 가장 좋겠다는 데 의견이 모였다. 당시 부산에는 몇몇 공단이 조성되고 있었는데, 그중에서도 무지개 공단이 조선 관련 기업이 가장 많이 군집

한 곳이었기 때문이다.

부지를 신청하는 날, 담당자가 물었다.

"사장님, 몇 평이나 신청할까요?"

"자네가 생각하는 규모는 얼마나 되는가?"

"글쎄요… 지금 우리가 쓰고 있는 공장이 4~500평 정도 되니까 그보다 넓어야겠죠."

"그럼 2천 평 정도 신청하게."

"네? 2천 평이요? 아휴, 사장님, 너무 넓지 않습니까?"

"그 정도는 돼야 미래를 생각할 수 있어."

갑자기 2천 평을 신청하란 말에 담당자가 바짝 긴장했다. 하지만 그만큼 확신이 있었기에 내린 결정이었다. 그런데 배포가 크지 않았던 담당자가 2천 평이 아닌 1500평만 신청을 하고 돌아왔다. 자기 딴엔 너무 무리하는 것처럼 느껴져 그랬다고 하는데, 솔직히 속도 상하고 아쉬웠다. 그렇다고 중역인 그를 문책할 수도 없는 일, 아직은 우리의 몫이 거기까지인가 보다 마음을 고쳐먹기로 했다.

그런데 그마저도 100% 수용되지 않았다. 최종적으로 우리 회사에 낙찰된 부지는 980평이었으니, 1천 평짜리 공장이었다. 개인적으론 아쉬움도 있었지만 기존의 두 배로 늘려서 가는 것이고, 이미 양산 공장 시대를 거치면서 동화의 실력과 노하우, 생산능력이 탄탄해지고 있는 시점이었기에 언제든 기회가 되면 옮길 수 있다는 생각으로 위

공장동 벽에 슬로건이 새겨진 부산 사하구 다대동 동화정기 전경

로를 삼았다.

1990년 신평·장림 협업화 단지의 협동화 사업 승인이 완료됨에 따라 동화정기는 1991년 다대동의 무지개 공단에 공장을 지어 입주를 했다.

'내가 만든 우리 제품, 나의 얼굴 나의 인격.'

공장동에 새겨진 동화정기의 슬로건이다. 이 슬로건에서 느껴지듯 무지개 공단으로 입주하면서 선박용 열교환기 제품 생산에 박차를 가했다. 안전성과 성능, 가격 경쟁력까지 갖춘 우리 제품은 인기를 얻었고 거래처는 폭발적으로 늘어났다. 노동부 장관이 수여하는 부품소재 우수기업 표창을 받으며 병역특례업체로 선정되어 산업기능요원을 우

다대포 무지개 공단의 사무실(1991년 11월)

수 인재로 확보한 것은 인력 확보 차원에서 주효했다. 이때 입사한 고등학생들이 이제는 중심 인재로 회사를 이끌어가고 있으니 말이다.

인력이 확보되고 생산 설비가 갖춰졌으며 기술력이 받쳐주니 회사는 해마다 성장했다. 1991년 무지개 공단에서의 첫해 매출이 75억 원 정도였는데 한 해가 지난 1992년엔 98억 원, 그 이듬해는 120억 원까지 증가했다.

모두가 이러한 성장과 발전에 고무되어 있었지만, 나는 즐거움에만 취해 있을 수 없었다. 여전히 가야 할 길이 멀었다.

"이제 제대로 기술을 연구하는 연구소를 만들어서 연구해 봅시다."

그동안 구멍가게 수준의 공장에서 연구했다면 이제는 규모를 갖춰 공부해야 한다는 생각을 했던 터라, 부설연구소 설립을 추진했다. 1990년대 초반 한창 산업 현장이 가동될 때 여느 중소기업들은 부설연구소를 부담스러워했다. 그도 그럴 것이 연구소는 말 그대로 돈이 안 되고 성과는 나중에 나오는 투자처이기 때문이다. 그러나 그동안 우리 기술이 없어서 서러움과 어려움을 겪고, 맨땅에 헤딩하는 심정으로 때론 읍소하며 기술을 배웠던 전철을 밟지 않으려면 스스로 공부하고 연구해야 했다.

마침내 한국산업기술진흥협회로부터 부설 열유체연구소 설립 인가를 받아 회사 내부적으로 연구소를 운영할 수 있게 되었다.

"연구소에 대한 기대가 큽니다. 제품을 만드는 것에 그치는 게 아니라 제대로 된 제품을 만들 수 있도록 연구소에서 마음껏 연구하고 도전해 주시기 바랍니다."

부설 연구소는 총 세 명으로 시작했다. 학사 출신과 석박사 출신의 연구원들이 그동안 회사가 추구해오던 조선 기자재, 특히 열교환기 국산화를 향한 연구의 닻을 올렸다. 자체 연구뿐 아니라 산학연 공동 개발 등 좋은 프로젝트가 있을 때 적극적으로 참여하며 점점 부품 국산화를 완성해갔다.

선박 부품 국산화의 범위를 넓히는 것이 궁극적인 목표였기에 늘

다음 타깃을 생각했다. 그러다 보니 회사에 출근한 뒤 업무를 보는 중에도 연구소에 들러 직원들과 소통하고 자주 이야기를 나누었다. 워낙 배우고 토론하는 것을 좋아하는 성격 탓에 연구원들이 진행하는 일들과 애로사항을 듣다 보면 스스로 많이 성장하는 기분이 들었다. 그래서 연구소는 사랑방이기도 했다.

"연구소장, 연구소는 돈이 되는 부서가 아니야. 너무 회사의 이윤을 고려해서 꼭 해야 할 연구를 뒤로 미루지 말고, 소신을 가지고 현재 수준에서 할 수 있는 최선의 연구를 하게. 그러다 보면 결과가 있을 거야."

"네, 회장님, 그러잖아도 상무님과 조수기의 국산화를 의논 중입니다."

"조수기? 그래, 지난번에 일본과 기술 제휴가 잘 안 됐지?"

"그래서 이번 기회에 독자 개발을 해보기로 했습니다."

조수기는 바다의 물을 식수 또는 일반용수로 전환하는 장비다. 선박을 운행하는 데 반드시 필요한 장비로, 해수를 진공 상태에서 증발시키는 방식과 역삼투압 방식이 있다. 선박에는 주로 선박의 폐열원인 엔진 냉각수를 활용하여 해수를 진공 상태에서 증발시키는 방식을 많이 사용한다.

이 조수기의 국산화는 사실 예전부터 생각을 하고 있어서 1990년 초에 조수기를 공급하는 회사인 일본의 사사쿠라 사와 기술 제휴를 추진했었다. 하지만 일본 쪽에서 제안을 거부하는 바람에 우리가 자체적으로 개발하는 쪽으로 방향을 잡았다. 나로서는 새롭게 출범한 연구소와 개발 생산팀이 함께 시작하는 일인 만큼 기대도 크고 많은 지원을 하려고 노력했다.

조수기 국산화 개발 작업은 시작하자마자 난관에 부딪혔다. 또 이젝터 이슈였다. COPT 콘덴서 개발도 스팀 이젝터 기술 확보가 관건이었기에, 이번에야말로 진공을 유지하기 위한 워터 이젝터 기술을 체계적으로 확보하고 싶은 욕심이 생겼다.

게다가 증발과 응축이 동시에 일어나서 증발량과 응축량의 균형을 이루어야 하기에 설계 기술도 매우 어렵고 까다로웠다. 그간의 제품과는 달리 우리로서는 최초이자 유일한 시스템 제품이었기에, 분야별 전문가를 섭외하여 함께 연구하는 체계를 갖추었다. 그리하여 워터 이젝터는 미국 에너지성 산하 연구소에서 열 전달 분야를 연구한 세계적 전문가 임관호 박사의 도움과 자체적인 노력으로 기술을 개발할 수 있었고, 조수기 설계 프로그램은 중소기업진흥공단의 지원과 직원들의 협업으로 개발에 성공했다. 좁은 연구실과 공장 한쪽에서 모두가 땀 흘리고 연구한 결과 또 하나의 국산화 기술을 갖추게 된 것이다.

조수기 시연회가 있는 날, 우리는 모기업을 초청하여 함께 조수기를 지켜보았다. 그간 여러 차례 국산화 기술로 만든 제품을 시연했지만 할 때마다 떨리긴 마찬가지였다. 개발에 참여한 당사자들은 아침부터 분주하게 움직이며 마지막까지 점검을 했고 어떤 직원은 두 손을 모으고 간절히 기도하기도 했다. 그런 모습을 지켜보면 가슴이 찡하다.

드디어 시연회가 시작됐다. 엔진을 가동하자 증발된 물이 다시 응축되어 관을 타고 졸졸 나오기 시작했다. 모두가 박수를 치며 축하했다. 또 한 번 국산화 기술로 개발된 조선 기자재가 선보인 것이다. 이는 기술의 진일보일 뿐 아니라 동화정기의 또 다른 도약이기도 했다.

"수고했네. 정말 수고했어. 결국 해냈군!"

무지개 공단으로 옮겨간 뒤에 이룬 첫 번째 성과를 기점으로 회사는 생산과 개발에 박차를 가했다. 선박용 조수기 개발의 성공 이후 우리는 국내 조선소에 우리가 만든 선박용 조수기를 공급할 수 있게 되었고, 얼마 뒤 플레이트 열교환기를 이용하여 플레이트 타입 조수기까지 생산하게 할 수 있게 되었다.

플레이트 열교환기에 대한 소망은 꽤 오래전인 88올림픽이 열리던 해 스웨덴 회사와 기술 제휴를 추진하였으나 그 회사의 매각으로 인해 본격적 궤도에 오르지는 못했다. 그러나 이후 덴마크의 손덱스 Sondex 사라는 열교환기를 만드는 회사와 연결이 되었다. 작은 인연을 매개로 1994년 손덱스 사와 기술 제휴를 맺으면서 본격적으로 플레이트 열교환기 시장에 뛰어들었고, 이 회사의 플레이트를 이용하여

1994년 플레이트 타입 조수기 개발 기술 제휴한 덴마크 손덱스 사 관계자들과 함께

플레이트 타입 조수기를 개발할 수 있었다.

이 시기 조수기를 비롯하여 이후 LNG 운반선에 탑재되는 탈기기, 스팀 에어 히터Steam Air Heater 등의 열교환기를 꾸준히 개발하여 상용화에 성공하는 등 실로 다대포에 뜬 희망의 무지개는 아름다웠다.

바다를 넘어 육상으로

1995년 동화는 다대동 무지개 공단 내에 제2공장을 가동하게 되었다. 공장을 확장하면서 선박용 열교환기 생산에서 더 나아가 육상용 열교환기, 그러니까 발전소 및 화학 플랜트에 사용되는 산업용 열교환기 생산을 본격화하게 되었다.

육상 플랜트는 종류도 다양하고 열교환기 역시 다양한 형태로 다양한 용도로 사용된다. 당시 동화가 육상 플랜트에 접근할 수 있는 가장 손쉬운 제품은 대형 산업용 콤프레서Compressor의 인터 쿨러Inter Cooler, Surface Condenser였다. 유조선의 COPT 콘덴서 생산이 한창 성장기였기에, 기술적으로 유사한 Surface Condenser를 우리도 만들

1991년 10월 ASME 체결 후 공장 관계자들과 함께

수 있을 것이라고 단순하게 생각했다.

그러나 그것은 착각이었다. 제품의 형상과 용도는 유사했지만 산업 규격이 달랐다. 그 다름이 얼마나 큰 차이인지는 기본 설계 과정에서 여실히 깨달았다. 알아보니 기본 설계 과정에서 산업계의 신뢰를 얻기 위해서는 미국에서 개발하고 판매하는 'HTRI'라는 전용 프로그램을 사용해야 했고, 제품의 상세 설계 과정에서도 'ASME'에 따른 설계와 공장 승인이 반드시 필요했다.

'HTRI' 프로그램은 당시 국내에서 사용하는 사람이 없었기 때문에 사용법을 배우기 위해 미국 현지의 교육 프로그램에 참여해야 했다. 프로그램 사용료도 드는 데다 미국에 설계자 한 명도 보내야 했으니, 쉽지 않은 결정이었다. 비용도 비용이거니와 생산 설계도 아닌 기본 설계 과정을 배우러 해외에 간다는 것은 상상도 못했던 일이기 때문이다. 그럼에도 과감히 결정을 내렸다.

"미국에 가서 HTRI 프로그램을 배우고 오게."

회사 차원에서 내린 결정으로 담당자가 교육 연수까지 마치고 돌아왔을 때는 솔직히 기대가 컸다. 그러나 교육을 토대로 공장 설비도 재정비했건만, 새로운 산업의 새로운 고객에게 동화의 제품을 공급하는 일은 쉽지 않았다.

이때 국내외 조선사와의 오랜 인연이 물꼬를 터주었다. 그동안 조선용 열교환기를 주력으로 하다 보니 국내외 조선소와의 관계가 넓어졌는데, 일본 조선소를 통해 일본 육상 플랜트 고객과 거래할 기회도 갖게 된 것이다. 그렇게 하여 MHI, KOBELCO, MES, IHI 등의 일본 중공업 기업이 우리 열교환기에 관심을 가졌다. 그중 우리와 인연이 있던 MHI 사에서 1997년 일본 지바 지역의 새로운 정유 공장을 엔지니어링하면서 Surface Condenser를 공급할 기회를 얻을 수 있었다.

물론 이 제품을 공급하는 과정에 어려움도 많았다. 선박용 COPT 콘덴서에 사용하던 원 소재를 그대로 사용할 수 있다고 해도, 다시 말해 산업 규격에 맞는 똑같은 재질이라 하더라도 산업 규격에 맞는 승인 공장에서 제작한 소재를 사용해야 했다. 게다가 처음으로 제작하

동화엔텍이 제작한 육상 플랜트용 Surface Condenser

는 대형 제작물인 데다 현장에서 제품을 가공하고 옮겨야 했기에 어려움이 많았다. 지금이야 200톤, 300톤 하는 Surface Condenser를 핸들링하는 일이 가능하지만, 당시에 17톤짜리 첫 제품을 핸들링하는 일은 정말 큰 도전이었다.

이런 난관을 뚫고 우여곡절 끝에 Surface Condenser가 출하되었다. 과연 노력은 배신하지 않는지, 첫 출하 후 2023년까지 500기가 출하되는 등 25년간 매년 20기의 제품이 전 세계 곳곳의 플랜트에서 작동되고 있다니 감회가 새롭다.

3년 전 기획팀의 부장이 동화의 Surface Condenser가 세계 시장에서 어느 정도인지를 브리핑하는 자료를 만든 것을 본 적이 있다. Surface Condenser 분야 세계 1등이라고 생각했던 미국 기업의 연간 보고서를 보니, 그 기업이 생각하는 세계 경쟁사 중에 동화엔텍이 가장 높은 곳에 자리 잡고 있었다. 우리의 경쟁력이 이미 세계 시장의 탑클래스라는 사실에 모두가 흥분했다. 그 흥분을 감추고 기획팀 부장에게 다음 세대의 새로운 제품은 무엇인지만을 계속 물었던 내 모습이 후회되기도 한다.

Surface Condenser의 성공은 육상 플랜트에서 동화의 가능성을 확인하는 기회였다. 이 가능성을 토대로 2012년 LNG 복합발전소의 대형 가스터빈에 들어가는 TCATurbine Cooling Air Cooler를 성공적으로 개발하고 납품함으로써, 동화는 스팀터빈과 가스터빈에 들어가는 핵심 열교환기를 공급하는 세계 유일의 기업이 되었다고 자부하게 되었다.

동화가 만드는 열교환기의 영역은 점점 넓어져 2018년 중국의 LNG 복합발전소에도 납품을 하는 등 동화 열교환기의 전문화와 세계화는 계속되었다.

-163℃ 도전, 초저온 열교환기

"회장님, 저희 회사 제품과 비슷한 제품이 또 나왔네요."

"그래요? 어디 한번 봅시다. 꽤 잘 만들었네."

"후발 업체들이 너도나도 제품을 만드네요."

"당연합니다. 경쟁은 기업의 피할 수 없는 운명이죠. 기술은 우리 말고 다른 곳도 보유할 수 있는 것이니, 너무 경쟁에 연연하기보다 우리만의 기술력을 계속 쌓아 분야를 개척해 나가면 됩니다."

한국의 조선산업이 계속 발전하고 조선 기자재 시장이 성장함에 따라, 이 시장에 뛰어든 후발 주자들이 우후죽순으로 생겨나기 시작했다. 당연히 경쟁이 심해졌고 업계에서 기술 도둑 이야기도 심심찮게 들려왔다. 동화엔텍이 조선 기자재 열교환기 분야에서 최초로 국산화 기술을 보유했다고 하지만, 일정 기간이 지나면서 자연스레 기술력을 갖춘 기업들이 늘어났다.

이런 상황에 너무 민감하게 반응한다면 우리로선 손해였다. 직원들은 노파심에 걱정을 하기도 했지만, 중요한 건 그게 아니었다. 우리만 모든 것을 틀어쥐고 시장을 장악할 수 없는 일, 후발 주자에게도 기회를 열어주고 우리는 우리의 길을 개척하면 된다. 그것이 선구자가 평생 짊어지고 갈 사명 아닌가. 결국 우리가 취할 방법은 새로운 분야를 향한 도전뿐이었다.

'모두가 할 수 있는 분야를 해봤자 경쟁력이 없다. 남들 안 하는 분야, 못 하는 분야에 도전해야 한다. 어떤 것이 있을까?'

답은 이미 나와 있었다. 앞으로의 시대는 대량 생산으로 경쟁하는 것이 아니라, 고부가가치 엔지니어링으로 승부를 걸어야 했다. 현재 우리가 관여하는 분야에서 가장 높은 부가가치를 낼 수 있는 기술과 제품이 무엇인가 임원진이 머리를 맞대고 고민이 이어졌다.

우리나라 조선산업은 2000년대 조선 경기의 호황과 선박 대형화에 대응하면서 급속히 성장하고 있었다. 제조업 생산에서 차지하는 비율도 지속적으로 상승하고, 수출 비중도 상승하여 수출 1위 품목이 될 정도로 성장 중이었다. 특히 1990년대 이후 일본과 더불어 세계 시장의 70% 이상을 점유한 우리나라의 조선산업은 2000년대에 이르러 대형 유조선을 거쳐 LNG선을 비롯한 해양 구조물, 특수선 등의 부가가치가 높은 선박에 집중하며, 세계 1위의 조선 해양산업으로 발전하고 있었다. 당연히 그에 따른 조선 기자재의 기술 업그레이드가 필요한 시점이었기에, 또 한 번 대담한 도전에 나서야 했다.

"앞으로 우리는 고부가가치 선박 조선 기자재 국산화에 집중해야 합니다. 아직은 대형 LNG 운반선용 열교환기의 국내 기술력이 확보되지 못했으니, 앞으로 그 분야에 집중해야 할 것입니다."

시대적 요구에 부응하고 새로운 기술에 도전하기 위해, 우리는 LNG선에 들어가는 열교환기 제품 개발에 집중하는 동시에 2004년 LNG 사업부를 창설하였다. 이는 또 다른 기술의 개척이었다.

LNG선 건조는 LNG 프로젝트의 일부분으로, 먼저 가스전을 탐색 시추하여 경제성을 검토한 후 개발이 결정되면 가스전의 설계와 시공이 시작되고 LNG 생산 플랜트가 건설된다. 이 과정에서 국가 간에 장기간의 LNG 수출 계약이 이루어지고, 어떻게 운송할 것인지가 결정된다. 육상파이프 라인으로 공급하기 어려운 경우 해상 선박으로 운송할 것이 결정되면 LNG선의 척 수와 건조 계획이 수립된다. LNG선으로 가스가 운송되면 수입항에서 LNG를 하역하여 저장할 큰 탱크 시설인 LNG 터미널을 건설해야 하는 등 막대한 예산이 들어가는 프로젝트다.

우리는 LNG선에 들어가는 극저온 열교환기 개발에 힘을 쏟았다. 기존에 취급하던 선박용 열교환기와는 차원이 다른 환경이었기에 많은 시행착오를 겪었다. 지금까지의 열교환은 벙커C유 오일로 움직이는 엔진에서 하는 것이었기에 크게 위험하지 않았으나, LNG는 폭발력이 있다는 것 자체가 위험 요소였다.

"어떻게 하면 안전하게 제품을 만들 수 있을까?"

-163℃의 LNG를 핸들링하는 열교환기를 개발하는 일은 고도의 기술력을 요했다. 무엇보다 언제든 폭발할 수 있다는 것이 가장 두려웠다. 아무래도 기술 제휴가 요구되는 시장이었다. 당시는 LNG선 건조 기술이 일본 조선소에서 국내로 이전되는 시기였고, LNG선 건조 기술을 보유한 곳은 일본의 미쯔이 조선MES였다. 우리로선 그들과의 기술 제휴가 반드시 필요했다.

"미쯔이 조선과 연결될 수 있는 방법을 찾아봅시다."

다행히 미쯔이 조선사의 LNG Vaporizer를 취급하는 동진산업기술이라는 국내 대리점과 연결이 닿았다. 일단 동진산업기술의 김 대표를 만나 우리의 취지를 설명하고 미쯔이 조선과 연결될 방법을 함께 의논한 뒤 일본으로 향했다. 역시 만만치 않았다. 그러나 열 번 찍는다는 심정으로 여러 차례 일본을 방문하여 설득한 결과 기술 제휴에 성공했다. 하지만 일본의 LNG Vaporizer 설계 기술은 이미 10여 년이 경과한 기술로, 스팀 터빈 추진에서 엔진 추진(DFDE 추진)으로 변화하는 LNG선의 기술 변화를 따라가기 힘들었다.

다행히 동화엔텍 연구소가 국내 기술 개발 프로젝트에 참여하여 연구 개발을 하는 동시에, 콤프레서 부문의 기술을 보유한 독일의 아틀라스 콥코Atlas Copco 사와 협업 관계를 맺어 국내 조선소에서 건조되는 LNG선의 Cargo Handling 시스템에 들어가는 LNG Vaporizer, Forcing Vaporizer, Gas Heater, Separator를 공급할 수 있게 되었다.

2005년 STX조선에 납품을 하고 2007년 대우조선해양의 DFDE 추진 LNG선에 탑재된 것을 시발점으로 동화의 초저온 열교환기의 시작을 알렸다. 당시 LNG선을 건조하고 시운전을 할 때면 선주, 조선소, 기자재 엔지니어들이 CCRCargo Compressor Room에 모여 선박의 상태를 모니터링 했는데, 그때 한국 사람이라고는 조선소 사람과 동화 사람밖에 없었다. 그만큼 LNG선의 국산화 시작 단계에 동화가 있었다는 것이 뿌듯하다.

이러한 열매를 맺으면서 나는 더욱 갈증을 느꼈다. 지금까지 동화엔텍의 열교환기 기술은 주로 해외 제품을 국산화하는 데 주력했기에 우리 기술에 대한 욕심이 점차 더 커졌고, 그러기 위해서는 열교환기만을 고민하고 개발하는 연구소의 규모를 확장해야겠다는 생각이 확신으로 굳어졌다.

일선에서 부품 제조업체를 운영하면서 가장 뼈저리게 느끼는 것은 기술에 대한 갈급함이다. 하루가 다르게 바뀌는 기업 환경 속에 기술은 진일보하고, 기업은 그 속도보다 조금씩 앞서 나아가야 살아남을 수 있다. 그것이 현장에서 날마다 체감되기에 기술 개발을 멈출 수 없었다.

녹산 공단으로 회사를 이전하고 난 뒤, 동화엔텍은 다양한 제품으로 제품군을 넓히는 동시에 차별화된 기술력을 갖추기 위한 노력을 기울였다. 그런 가운데 연구소에 대한 장기적인 비전을 실천해 나가기 시작했다.

'연구소를 확장해야 한다. 이제는 정말 우리만의 기술, 자력으로 새로운 것을 개발해야만 살 수 있다.'

지역의 중소기업이 독립적인 연구소를 세운다는 것은 어쩌면 모험에 가까운 일이기도 했다. 속된 말로 돈만 들어가는 일이 될 수 있기 때문이다. 하지만 오랫동안 지속하는 기업이 되려면 무조건 기술이 축적되어야 했기에 과감하게 결단을 내렸다.

"연구소 지을 부지를 알아보세요."

마침 부산과학단지 내에 부지 공고가 났다. 이번에는 직접 부지 매입에 적극적으로 나섰고, 신청한 부지는 총 1350평이었다.

연구소 부지 얘기를 듣곤 모두가 놀랐다. 직원들은 500평만 있으면 된다고 생각했는데, 규모가 상당했기 때문이다. 모두의 생각이 같을 순 없지만 이번만큼은 강하게 의견을 피력했다. 그렇게 부지를 얻기 위한 노력이 시작되었는데 생각지 못한 복병이 나타났다.

"회장님, 부지 입찰에 제동이 걸렸습니다."

"무슨 일인가?"

"부지를 매입하겠다는 사람이 나왔습니다."

"그것 참… 경쟁자가 생겼단 말이지?"

"네, 어떤 기업에서 사겠다고 나섰습니다."

사실 우리가 사려던 땅은 남들이 탐내는 부지는 아니었다. 보통 좋은 땅이라면 네모난 땅, 그러니까 규격이 일정한 땅인데 우리가 신청한 부지는 그런 곳이 아니었다. 각이 지고 모난 곳이 있는 부지였기에 아무도 경쟁자가 없을 거라 생각했는데 난감했다.

일단 만나서 의견을 조율해 보기로 했다. 연락처를 알아내 회사 대표와 만나 의지를 전했다. 우리가 R&D 센터를 왜 지으려 하는지, 또 어느 정도 규모로 지어야 효과적인지 진심을 전하며 양보할 수 있는지 물었으나 단호히 거절했다.

"죄송합니다만, 저희도 그 땅이 꼭 필요합니다."

"저희도 필요하고 사장님도 필요하다면 둘이 반씩 쪼개서 매입하는 건 어떻겠습니까? 당초 계획에서 많이 수정해야 하지만 그래도 저희로선 꼭 필요하니까요."

"미안합니다. 제안은 거절하겠습니다."

아무리 설득하고 타협하려고 해도 들으려 하지 않았다. 하는 수 없이 경쟁을 벌이게 되었다. 잘되면 부지를 얻는 것이고 안 되면 다른 곳으로 알아봐야 하는 상황에 처한 것이다.

드디어 추첨을 하는 날이 되었다. 두 기업의 대표가 두 개의 선택지 중에 하나를 뽑아 가부 여부를 정해야 했다. 추첨함 속에 주황색과 하얀색 당구공을 넣고 주황색 당구공을 뽑으면 선택되는 것으로 정했다. 지금 생각하면 매우 원시적인 방법이지만, 그땐 그런 건 생각할 여유도 없었고 무조건 주황색 공을 뽑아야 한다는 일념으로 추첨장으로 향했다.

"자, 이제 추첨을 시작합니다. 두 대표님 앞으로 나오셔서 하나를 고르십시오."

모든 선택이 나의 손에 달렸기에 기도하는 심정으로 손을 넣고 공 하나를 집어 올렸다. 주황색이었다. 그때의 기쁨은 십 수년이 흐른 지금도 생생하다.

1350평 부지는 그렇게 우리 회사의 것이 되었고, 서둘러 연구개발센터를 지었다. 기왕 짓는 연구센터가 멋있게 세워지길 바랐기에 좋은 곳에 설계를 맡겨 센터가 완공되었는데, 모난 땅의 단점을 매우 잘 활용하여 연구소가 세워졌다.

중소기업으로는 보기 드물게 과학기술부에 등록된 자체 연구소를 대표가 직접 운영하면서, 동화엔텍은 기술 도약을 꿈꾸며 연구개발에 매진했다.

"여러분, 1992년 부설 열유체연구소 설립 이래 우리 동화는 끊임없이 노력하며 기업의 이미지를 높였고, 자사 제품의 대외적인 브랜드가치를 높이는 일을 이어왔습니다. 이제 연구개발센터가 오픈했으니 제품의 질적인 도약의 계기로 삼아 품질의 고성능화 그리고 에너지원의 효율적 이용으로 새로운 제품을 개발하는 데 앞장서기 바랍니다."

2007년 연구소가 완공된 후부터 나는 현업은 당시 창업 세대인 홍성희 부회장에게 맡기고, 주로 연구소와 사무실을 오가며 연구개발에 힘을 불어넣어 주었다. 또한 이때 우리 회사의 연구개발센터가 산업통상자원부가 선정하는 우수기술연구센터ATC로 지정되어 연구원들이 연구개발에 더욱더 매진할 수 있는 환경이 구축되었다.

"회장님, 여기서 또 뵙네요."

"회장님 만나 뵈려면 회장실이 아니라 연구소로 가는 게 더 빠릅니다."

언제부턴가 직원들 사이에서 이런 이야기들이 나왔다. 사무실로 찾아가면 만나기 힘들다는 투정일 수도 있겠지만 그 말이 싫지 않았다. 그만큼 연구개발에 중점을 두는 기업이라는 정체성을 은연중에 알릴 수 있었기 때문이다.

차근차근 실험 관련 설비를 구축하여 새로운 제품을 위해 다양한 실험을 하는 모습을 지켜보았다. 시행착오를 줄여가며 동화만의 기술력을 구축해가는 연구원들의 모습이 자랑스러웠다. 관련 업계인들도 동화엔텍의 기술연구소를 방문하면 실험 설비를 보고 놀라곤 했다. 동화가 열교환기 분야에서 이런 세계적인 경쟁력을 갖게 된 비결이

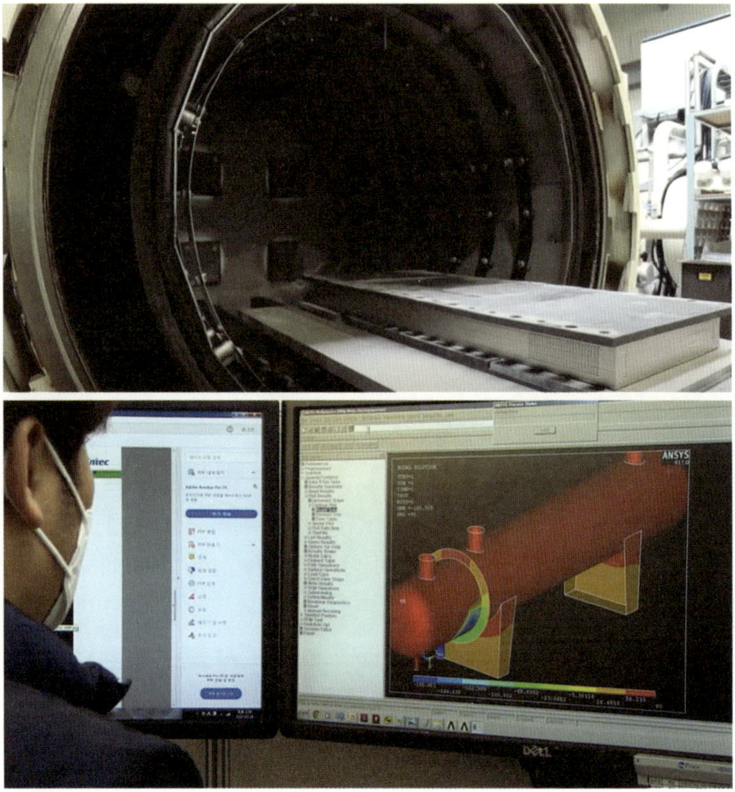

고온로에서 생산 중인 PCHE(위). 동화엔텍 연구진들의 장비 설계(아래)

연구개발에 있음을 인정한 셈이다.

동화엔텍 연구개발센터는 액화질소 탱크, 대용량 스팀 보일러 등 LNG Cargo Handling 시스템용 열교환기의 시험 평가를 모사할 수 있는 설비들로 채워졌고, -196℃의 액화질소를 Vaporizer를 통해 기화시키면서 다양한 온도 제어 시험 등이 수행되었다. 당시를 회상하면 새벽까지 시험 평가에 몰두하는 연구원들이 자랑스럽고 한편으로는 애처롭기도 했지만, 그 모습에서 동화의 미래를 확인할 수 있었다. 그 시절의 기술과 연구원들이 이제는 어엿한 동화의 주력이 되었으니, 세월의 재미는 이런 게 아닐까 생각한다. 당시 밤을 새워 시험 평가를 하던 연구원은 이제 기획팀의 부장이 되어 동화의 또 다른 미래를 준비하고 있다.

지금도 나는 동화엔텍의 성공 비결에 대해 묻는 이들에게 기술에 대한 목마름으로 끊임없이 새로운 기술에 도전했기 때문이라고 자신 있게 대답한다. 흔히 직원 한 명당 1억 정도의 매출을 올릴 때 제조만 하는 기업으로 본다. 하지만 매출이 직원 한 명당 3억이 넘어가면 설계 기술도 가지고 있는 기업으로 평가하는데, 현재 직원 200여 명으로 매출 천 억 원이 넘어가는 회사로 자리매김하고 있는 것을 보면 과연 연구 기술에 과감히 투자한 덕분이 아닐까 생각한다.

압축기를 품다

동화엔텍을 경영하면서 자신 있게 말할 수 있는 것은 적어도 일에 있어서는 최선을 다했다는 것과 이기적으로 살아오지 않았다는 것이다. 사람은 누구나 이기적인 본성이 있어 자기중심적인 사고를 한다지만, 기업을 경영하면서 깨달은 것은 상대방의 입장에서 한 번 더 생각하는 것, 결국 남을 먼저 생각하는 것이 나를 이롭게 하는 일이라는 것이다. 물론 그렇다고 내가 대단한 성인군자라는 소리는 아니다.

동화엔텍은 규모가 커지고 직원들이 늘어나는 과정에서 내부적으로 지각 변동을 겪었다. 상황에 따라 회사 내에 계열사를 설립하여 운영하기도 하고, 또다시 합병하여 운영하기도 했다. 상황이 좋을 때는 모든 게 순조롭지만 그렇지 않을 때 잘 보듬어 안는 것이 기업인의 덕목이라는 생각을 하게 되었다.

2007년 즈음, 후배가 찾아왔다. 33명이 연합해서 만든 종합해사의 계열사를 운영하고 있는 대표였다. 그 회사는 우리 회사의 지척에 위치한 선박용 압축기를 제조하는 회사였는데, 운영 상황이 좋지 않은 듯했다. 핵심 부품을 일본에서 수입하는데, 원화 강세로 인해 환율이 올라가면서 일시적인 재정 위기에 처하게 되었다.

"선배님, 도움이 필요합니다."

"그래, 요즘 회사 경영이 힘들지?"

"저희는 서비스 수리하는 데 능한 인력들인데, 일본과 기술 제휴를 맺고 제조를 하려다 보니 자금도 많이 달리고 힘이 드네요."

"그럴 거야. 그래도 압축기는 선박이나 육상 플랜트에 없어서는 안 될 제품이니까 절대 포기하면 안 돼."

그를 보면서 처음 창업할 때 생각도 나고, 나와는 인연이 깊은 종합해사와 관계가 있으니 어떻게든 도움을 주고 싶은 마음이 들었다. 그래서 할 수 있는 만큼 재정적인 도움을 주었다.

하지만 상황은 더 힘들어졌다. 압축기는 계속해서 자금이 들어가는 제조업이라 여기저기 도움을 요청하며 버티는 듯 보였으나 나중엔 두 손을 들어버렸다.

"회장님, 아무래도 우리가 할 일이 아닌 것 같습니다."

"아니, 왜?"

"더 이상 버틸 수가 없습니다. 회사를 처분해야 할 것 같습니다."

회사를 처분하겠다고 결정하고 인수할 사람을 찾는 그를 안타깝게 바라보며 결단을 내려야 했다. 물론 중요한 결정을 혼자 내릴 수 없어 임원들을 불러 의견을 들었다.

"우리가 그 회사를 인수하는 건 어떻겠나?"

"종합뉴텍을 말입니까? 회장님, 그 회사 자금 사정이 많이 안 좋을 텐데요."

"당연히 알고 있지. 그래도 압축기 만드는 공장인데, 남에게 팔려가는 건 볼 수 없지 않겠나."

내부적으로는 회사 인수에 대해 우려하는 시선도 있었다. 회사 자체의 필요에 대한 우려가 아닌, 전적으로 자금에 대한 부담 때문이었다. 하지만 손해를 감수하고서라도 포용해야 한다는 강한 확신이 들었고, 단행했다.

어쩌면 무모한 결정이었을 수도 있다. 회사를 인수하려면 이해득실을 따지는 게 인지상정이니 말이다. 그러나 그때만큼은 조선 기자재업이라는 동종업을 하고 있는 지근거리의 건실한 기업을 조금이라도 도와야 한다는 마음이 더 크게 작동했던 것 같다. 또한 나의 시작을 함께했던 '종합'이라는 이름이 붙은 종합뉴텍을 이대로 사라지게 만들고 싶지는 않았다.

2007년 우리는 종합뉴텍을 인수하여 (주)동화뉴텍으로 개명한 뒤

2007년 종합뉴텍을 인수할 당시 정하돈 대표와 함께

함께하는 경영체제로 들어갔다. 막상 합치고 보니, 우리로선 압축기 제조회사를 갖고 있는 것이 훨씬 유리한 상황이 되었다. 이미 열교환기 제조기술로 제조업 노하우를 확보하고 있었기에 압축기 제조의 어려움은 해소되었다. 또한 1994년부터 기술 제휴를 맺고 있던 일본 타나베 압축기 제조회사와의 교류로 기술력도 향상되었다. 때마침 가스 시대가 열리면서 열교환기 시스템을 구축하는 데 압축기는 반드시 필요한 부품이었기에 시너지 효과를 거둘 수 있었다.

친환경 연료 공급 시스템FGSS에 성공적으로 진출한 것 역시 동화엔텍의 초저온 열교환기와 동화뉴텍의 압축기가 있었기에 가능한 일

동화뉴텍 전경

이었다. 동화는 핵심 기기를 직접 설계하고 제조할 수 있는 역량이 있었으므로 다른 기업과 차별화할 수 있었다.

동화뉴텍의 BOG Boil Off Gas 압축기는 LNG 추진선 외에도 암모니아 추진선, CO2 압축기로 영역을 넓히고 있다. Air Compressor로 40년을 이어오던 역사가 동화엔텍을 만나 압축기 기술을 꽃피우고 있는 것이다. 대한민국에도 이러한 열교환기 전문회사, 압축기 전문회사 하나 정도는 있어야 하지 않는가 하는 나의 50년 전 생각이 점점 가시화되고 있다.

종합뉴텍을 인수한 지도 어언 18년째를 맞이한 지금, 동화뉴텍은 동화엔텍과 시너지를 만들며 천 억 원 매출을 바라로는 회사로 성장 중이다.

동화뉴텍의 변화는 실로 아름다울 정도이다. 동화엔텍의 가족이 될 당시만 해도 체계도 비전도 없이 그저 열심히만 하는 회사처럼 보이기도 했다. 물론 이내 그런 생각이 나의 오만이었음을 깨달았다. 동화뉴텍에도 열정과 목표가 있었고, 내가 할 일은 그들의 열정이 식지 않도록 옆에서 응원하는 것이었다. 마침내 동화뉴텍은 생존을 위한 투쟁을 하며 변화했고, 그 중심에 평사원으로 입사해 부회장이 된 권영우 부회장이 있다. 권영우 부회장은 종합뉴텍에 입사할 때 자신이 사장이 되어 100배 큰 회사를 만들겠다고 당당히 포부를 밝혔다고 하는데, 당시의 젊은 권영우는 이제 어엿한 경영자가 되어 동화뉴텍의 대표와 동화엔텍의 사장을 겸하고 있다.

함께한다는 것, 상생하는 것은 이처럼 중요하다. 둘 이상이 서로 북돋우며 다 같이 잘살아간다는 뜻의 상생, 이는 기업의 세계에도 필요하다. 기업의 세계는 무한경쟁의 세계라서 상생 따위는 필요 없을 것 같지만, 결코 그렇지 않다. 내가 조금 손해 보더라도 같이 살아가는 방법을 강구하는 것이 곧 나를 이롭게 한다.

동화뉴텍의 경우도 순수하게 돕고 싶은 마음이 있었고, 같은 분야에서 함께 가야 할 업종인 만큼 함께해야 한다는 마음으로 도운 것이

마침내 '윈윈'의 결과를 낳았으니, 하늘도 이런 마음에 보응한 게 아닐까 싶다.

'이타적 이기심'이라는 말을 들어본 적이 있다. 아이러니하게 느껴지지만 다른 사람을 이롭게 함으로써 자신을 이롭게 한다는 개념으로 한마디로 네가 잘돼야 나도 잘된다는 마인드다. 기업을 하는 입장에서 나만 잘 먹고 잘살 수 없다. 프로그램을 개발하는 업체에서 공들여 개발한 소스를 오픈소스로 공개하는 건 누구든지 소스 프로그램을 수정하고 배포할 수 있게 하여 더 나은 기술로 업그레이드함으로써 궁극적으로 시장을 키워나갈 수 있기 때문이다. 나만 잘될 것이 아니라 나와 네가 함께 잘돼야 성장할 수 있다는 마인드가 바탕이 된 것이다.

이러한 이타적 이기심이 경영을 빛나게 한다고 생각한다. 물론 그 균형을 맞추기란 어렵다. 그럼에도 상생하는 경영을 지향한 덕분에 오늘의 동화엔텍이 협력 회사들과 좋은 관계를 유지하며 성장할 수 있었다고 생각한다.

동화엔텍의 분사 1호 협력사로 탄생한 회사의 대표는 어려운 상황에서 모기업의 도움으로 공장을 마련하고 어엿한 기업으로 성장할 수 있게 된 것에 대해 감사의 인사를 늘 전해왔다. 회사 앞 포장마차에서 따끈한 어묵 국물에 소주 한잔을 나누며 "함께 일해보자"고 격려한 결과 제관업을 시작하게 된 협력사 대표는, 발전하는 동화를 보면서 동화가 삶의 지표가 되었다고 말해주었다. 무엇보다 수십 년간 친

사회 봉사와 나눔 활동의 일환으로 부산 강서구청에 의류를 기부하고 나서(2024)

구처럼 아버지처럼 힘들 때나 좋을 때나 도움을 주려 했던 마음을 평생 잊지 못한다고 한다. 이 모든 것이 함께하는 마음 덕분에 주어진 선물이라고 생각한다.

그런 까닭에 나는 사회와도 이웃과도 함께하고픈 마음이 크다. 나눔은 참으로 신기한 속성이 있어서, 나눌수록 더 많은 것을 나누게 된다. 기업의 이윤은 열심히 일한 사람과 공평하게 나누어야 하지만, 사회와도 나눠야 한다는 생각에 직원들에게도 평소 이런 메시지를 전하곤 했다.

동화엔텍은 사내 봉사단체 '두드림'을 통해 봉사와 나눔을 실천 중이다.

"우리가 잘나가든 못 나가든 사회적 기업으로서 환원해야 합니다. 사회로부터 얻은 것들이 크기에 당연히 돌려주어야 합니다. 여러분이 처한 상황에서 가능한 한 나누시길 바랍니다."

개인적으로도 후원과 나눔을 하고 있지만 이 일만큼은 직원들도 함께하길 바랐다. 그래서 회사 차원에서도 적극적으로 나섰다.

회사 여직원들로 구성된 봉사단체가 설립되었다는 소식을 듣고 만나 보니 한계가 있는 것 같아 노조인 가족사랑위원회에 협력을 제안했고, 회사 차원의 봉사단체가 설립되었다. 사회에서 소외되고 어려운 이웃을 찾아가 손과 발이 되는 봉사를 실천했고, 십시일반으로 뜻을 모으고 회사 차원에서 지원하여 필요한 곳에 전달하는 등 이웃과 함께하는 노력을 이어갔다. 고맙게도 이제는 활동 반경을 넓혀 집도 보수해주고 인테리어 공사 등의 봉사와 나눔을 이어가고 있다. 처음에는 약간의 의무감(?)에서 시작한 직원들도 나눔의 기쁨, 이웃과 함께하는 것의 즐거움을 깨달곤 보람을 느낀다고 하니 매우 다행한 일이다.

지금도 나는 이타적 이기심을 발휘할 것을 당부한다. 네가 잘돼야 나도 잘될 수 있다는 마인드가 기업뿐만 아니라 결국 사람 사는 사회 전체를 더 잘살게 만든다는 확신, 아니 시간을 통한 경험이 있기 때문이다.

세계 시장을 향해

글로벌 인재, 글로벌 경영이란 말은 이제 너무나 자연스럽고 당연한 용어가 되었다. 세계가 지구촌으로 하나 된 지 오래이고, 특히 기업을 하는 입장에서 글로벌 시장이 아니고서는 살아남을 수 없다.

어느 유명한 기업인이 말했듯 세상은 넓고 할 일은 많다지만, 과연 기업을 해보니 세상은 넓고 시장은 더 넓다.

잠깐 '라떼' 이야기를 한 대목 하자면, 기관사로 배에 올라 처음 방문한 외국은 일본이었다. 역사적으로 가슴 아픈 상처가 있는 관계이지만, 그런 부분을 빼고 물리적인 모습으로만 보았을 때 일본은 전쟁으로 인한 피해가 있었음에도 매우 발전해 있었다. 생전 못 보던 신기술로 만든 제품들이 진열되어 있고, 사람들은 그 제품들을 사용하고 있었다. 기술적 우위를 점하고 있다는 것이 얼마나 풍요롭고 새로운 세상을 열어주는지 그때의 감흥을 잊지 못한다.

그 때문인지 기업을 경영하면서 나는 다른 나라의 기업들과 교류하는 과정을 즐겼다. 우리로선 따라가야 하는 입장이기에 기술적 우위를 점한 선진국과 교류하면서 때론 억울한 일이나 손해 볼 일도 겪었지만, 어쨌든 그들에게 배울 수 있는 것을 배우겠다는 일념으로 교류했다. 그리고 결국 그것이 기반이 되어 기술 개발의 아이디어를 낳고 시야를 넓혀주었다고 생각한다.

IMF를 거쳐 세계 조선 경기가 호전되면서, 국내 조선소의 조선 기자재 수요가 확대되고 조선 기자재 업체들의 생산활동이 활발해졌다. 동화엔텍도 고속 성장을 하며, 주력인 열교환기 관련 제품의 세계적 품질을 지향하는 동시에 글로벌 시장 개척에도 관심을 두었다. 조선산업이 호황을 거쳐 도약기를 맞고 다시 침체기를 거친 뒤 재도약하는 부침 속에서, 우리가 살아남을 길은 무엇보다 세계적으로 인정받는 품질의 제품을 개발하는 것이었다. 동시에 그때그때 상황에 따른 정책의 변화와 경제 흐름의 변화를 읽는 것이 너무도 중요했다.

이러한 글로벌 시장의 필요성을 처음 피부로 느낀 것은 우리나라와 중국이 정식으로 수교를 맺은 1992년이었다. 한창 동화정기를 이끌며 제품 개발에 열을 올리는 동시에 CEO로서 세계 정세에 촉각을 곤두세워야 했는데, 중국이란 거대한 나라와 우리가 수교를 맺는 것이 남다르게 다가왔다. 아무리 한국과 달리 낙후되어 있다 해도 그들의 거대한 인재 풀과 국력은 결코 무시할 수 없는 것이었기 때문이다.

그런 까닭에 자식들이 글로벌 인재가 되었으면 하는 욕심으로 외국어를 습득하도록 권유했다. 언어를 익히면 차후 본업은 좀 더 쉽게 익힐 수 있으리라 생각했기 때문이다. 당시 선진국을 제외하면 소련과 중동 지역이 발전 가능성이 있어 보였고, 1979년 미국과 중국 수교 이후 중국의 변화에 대한 정보를 많이 접하면서 큰아들에게는 중국어, 둘째에게는 아랍어를 전공하도록 권유했다.

큰아들이 중국어를 전공한 시기인 1992년 한국과 중국의 수교가 이뤄지면서 본격적으로 한국과 중국의 교류가 시작되었다. 나름 매일 신문을 보며 세계 정세를 익힌 것이 미래에 대한 바른 예측으로 이어진 것이 아닐까 자부한다.

어느 날, 모교인 해양대학교 총장님이 나를 찾아왔다. 이야기인즉슨 중국에서 유학 온 한 학생을 후원해 달라는 것이었다.

"회장님, 저희 학교에 중국에서 국비로 유학을 온 학생이 있는데 사정이 좀 어렵습니다. 회장님께서 워낙 후학 양성에 적극적이시고 또 모교 일이니 좀 도와주셨으면 합니다."

"도울 수 있는 일이라면 당연히 도와야죠."

그렇게 중국 유학생을 후원하게 되었고 4년간 학생을 도우면서 중국에 대한 친근함도 더해졌다. 그런데 마침 상해에서 투자 유치단

동화차이나 2기를 기념하여 한국 임직원과 동화차이나(상해) 방문(2024년)

이 회사를 찾아왔다. 중국이 경제적으로 도약하기 위해 경제특구를 지정하는 등 공격적인 투자 유치를 벌이고 있는 시점이었다.

"저희가 이번에 경제특구를 조성합니다. 동화엔텍이 조선 기자재 제조업체 선두주자로 잘되고 있는 만큼 저희 쪽에 진출해 보시면 어떨까 제안을 드리러 왔습니다."

그들은 투자를 유치하러 온 만큼 중국으로 진출할 경우 어떤 장점이 있는지 적극적으로 설명하며 중국을 한번 방문할 것을 권했다. 그러잖아도 중국과의 인연도 있고, 2001년부터 영업 담당 임원이 「변화하는 중국 시장 활성화를 위한 대처 방안」이란 보고서를 발표한 것을

동화뉴텍을 방문한 동화차이나 임직원들(2024년)

기점으로 여러 차례 중국 진출을 검토하고 있었기에 회사 임원들과 상해로 떠났다.

경제특구로 조성될 곳을 가보니 과연 규모가 압도적이었고, 도전해볼 만하다는 생각이 들었다. 중국 조선산업의 발전에 따라 한국의 조선소와 선박용 기자재 업체들이 중국 진출을 막 시작하던 때라는 시대적인 요구와 더불어, 현지의 여러 선박 관련 업체를 방문하면서 어느 정도 확신이 들었기에 중국 시장 진출을 결정했다.

'동화은태'라는 이름으로 시작한 상해 사무소는 초기에 부침을 겪었다. 사람 관리의 어려움 때문이었다. 처음에 한국에서 관리자를 파견했으나, 현지인의 생리에 맞추는 것이 좋을 것 같아 4년간 후원했던 유학생의 아버지를 현지 사장으로 세웠다.

그런데 현지 사무소를 운영하는 과정에서 문제가 생겼다. 한국과 떨어진 거리만큼 현지에서 일어나는 일에 대해 세세히 알 길이 없는 우리로서는 답답한 상황을 겪어야 했고, 결국 다시 한국에서 관리자를 파견했다. 하지만 뭔가 매끄럽지 못한 과정 속에 언어적 한계에 부딪히기도 하고 인건비 계산 착오 등 크고 작은 문제들이 발생하며 사업에 어려움이 계속 발생했다.

이러한 문제는 우리만 겪는 것이 아니었다. 값싼 인건비의 매력만 보고 중국 시장으로 진출한 많은 기업들이 현지의 문제들을 파악하지 못해 철수했다. 어떤 경우는 압박을 견디지 못하고 야반도주하는 일도 있었다. 우리도 하루가 멀다 하고 중국에서 날아오는 좋지 않은 소식에 힘이 빠졌지만, 포기할 수는 없었다.

중국에서 성공한 기업으로 손꼽히는 오리온 담철곤 회장의 성공담이 신문에 기사화되었을 때 그 내용을 보고 마음을 다잡기도 했다. '초코파이를 팔기 전에 중국을 사랑하라' 는 그의 경영 철학과, 그러기 위해 '중국을 사랑하는 사람을 뽑아야 한다' 는 메시지를 읽으며 중국 시장을 향한 의지를 굳히곤 했다.

"우리 회사는 중국 진출이 그리 오래되지 않았고, 중국 투자의 성공 여부에 대해 남모르게 마음고생도 했습니다. 하지만 현지에서 일하는 이들이 흑자 경영의 굳은 의지를 보여주고 있다는 것만으로도 고무적이라고 생각합니다. 초코파이를 팔기 전에 중국을 사랑하라는 담 회장의 메시지처럼, 우리 기업도 중국인들로부터 사랑받는 기업으로 성장, 발전할 수 있도록 관심과 지원을 아끼지 말아야 합니다."

우리 회사의 중국 시장 진출은 20년을 지나면서 작은 성공을 거두기도 하며 오늘에 이르고 있다. 초기 세팅 과정부터 많은 고생을 하며 첫 해외 기업을 이끌어간 직원들 덕분에 2008년엔 공업단지 내에 상해 공장을 완공하여 첫 제품을 성공적으로 제작 출하했고, 2009년엔 수출입 업무를 위해 무역회사를 설립, 전 선급에 대해 선급 승인공장 인증을 받는 등 점진적인 성장을 이어갔다.

이후 동화엔텍이 2세 경영체제에 돌입하면서, 중국과 여러모로 친숙한 대표이사가 중국 시장에 대한 이해를 바탕으로 글로벌 경영을 하고 있다. 매출이 크진 않아도 다른 회사들이 속속 포기하고 돌아간 것에 비해 분투하고 있다고 생각한다. 코로나 시기 동화엔텍의 연료공급 시스템이 중국 조선소로 출하되면서 중국 현지에서 직접 선박에 승선하여 커미셔닝을 해야 하는 일이 있었다. 그때 한국에서 엔지니어 파견은 최소화하면서 동화은태 현지 도움을 받아 성공적으로 선박을 인도할 수 있었던 사례도 있다. 이제는 '동화차이나'라는 이름으로 중국 사업 3기를 준비하고 있다. 일체화된 현지화라는 철학으로 전략과 방향은 함께, 실행은 현지에서 주도하는 방법이다. 한국의 옷을 입었던 중국 사업에서 나아가 중국의 방식을 존중하는 글로벌 경영의 시작이라 할 수 있다.

숫자로만 볼 때 중국 진출에 대해 마음 놓고 성공이란 타이틀을 붙이긴 힘들다. 그럼에도 남들보다 조금 빨리 해외 시장 진출을 꾀했기에 지금의 글로벌 경영 노하우를 쌓을 수 있었다고 생각한다.

풍파가 없는 항해란 얼마나 단조로운가!

고난이 거셀수록 내 가슴이 뛴다.

PART 4

견디다 :

고난 속에서 싹튼 희망

Dong Hwa

위기, 신뢰로 극복하다

"뭐라고? 노동조합?"

나도 모르게 낯빛이 어두워졌다. 동화정기의 근로자들이 노동조합을 만들었다는 소식에 왠지 모르게 힘이 쭉 빠졌다.

'회사가 뭘 잘못했나? 서운하게 했나?'

오너로서 어쩔 수 없이 이런 마음이 들었다. 매일 작업장에서 이야기를 나누던 직원들 얼굴이 주마등처럼 스치면서 처음에는 서운한 기분이 들더니, 얼마 가지 않아 오죽했으면 그랬을까 싶었다.

동화정기의 노동조합은 1988년, 한창 생산 가동성을 높이고 있을 시기에 결성되었다. 50명도 채 되지 않는 직원들이 노동조합이라는 이름으로 묶여 노사 관계에 놓이니 마음이 불편했던 것도 사실이다.

창립 이래 거의 10여 년을 함께 먹고 마시고 땀 흘리며 동고동락한 동료라서 더욱 그랬다. 하지만 전국적으로 노동조합 설립 붐이 일어나는 시기였고 근로자의 정당한 권리를 찾겠다는 취지를 회사에서 받아주는 게 맞았다.

노조가 설립되었다는 얘기를 듣고 얼마 뒤 여느 날처럼 공장을 들러 직원들과 이런저런 이야기를 나누는데 뭔지 모르게 겉도는 기분이었다.

"저, 사장님, 이야기 들으셨습니까?"

"무슨 얘기?"

"우리 회사도 노조가 생겼습니다."

"아. 그거? 얘기 들었지. 회사가 뭐 서운하게 한 거 있나?"

"그렇다기보다 다들 노조 만든다고 하니까 저희도 결성하게 됐습니다."

"알았네. 그건 노동자의 권리고 회사는 또 회사대로 할 일이 있으니까, 어쨌든 노사 간에 잘 지내면 되지 않겠나?"

어색한 대화였지만 그래도 그땐 인간미가 있었다. 아니, 회사라는 게 사람과 사람이 만나 이윤을 추구하는 곳이니 사람에 대한 이해가 먼저여야 했다. 그렇게 노조가 설립되었고, 한창 공장이 바쁘게 움직이고 양산에서 다대로 확장하는 시기였기에 생산 인력 확대에 따라 자연스럽게 노조도 커졌다.

노사 간의 갈등이 하나도 없었다고 볼 수는 없다. 처음엔 대부분 강성 노조 성향을 띠고 있었기에 회사와 임금 협상 등에서 갈등을 빚기도 했지만 그때마다 대화로 풀려고 노력했다. 매일 작업장에서 만나는 직원들이었기에 그럴 수 있으리란 믿음이 있었다. 이러한 믿음이 통했는지, 창사 이후 단 한 번도 파업이나 갈등이 수면 위로 드러나지 않았다.

그렇게 1990년대를 맞았다. 동화정기는 한창 무지개 공단에서 희망의 무지개를 그리며 뻗어갔다. 생산하는 제품의 종류도 기술력도 향상했을 뿐 아니라 모든 것이 성장곡선을 그리고 있을 때, 아무도 예상하지 못한 위기가 눈앞에 닥쳤다.

IMF 사태가 일어난 것이다. 외환위기 사태가 일어나자 수입 원자재 가격이 폭등하면서 많은 기업이 어려움에 빠졌다. 다대동 공장을 두 군데나 운영하며 생산라인을 풀가동 중이었던 우리에게도 청천벽력 같은 소식이었다.

"지금 원자재가 들어와야 하는데 환율이 너무 올라서 가격이 거의 두 배는 뛰었습니다."

"큰일이네. 그나저나 원자재 확보는 되겠는가?"

"그것도 알아봐야 할 것 같습니다."

회사 경영에는 이미 적신호가 커졌다. 아무리 국산화 기술이라 하더라도 아직은 100% 국산 원자재를 사용하지 못해 일부는 수입으로 들여와야 하고, 조선 기자재 특성상 원자재의 60% 이상을 수입에 의존하기에 우리뿐만 아니라 관련 업체에도 날마다 비명이었다.

그동안 경영의 어려움이 없었던 것은 아니었지만 처음 겪는 외환위기였고 전 국가적으로 겪는 혼란이었기에 회사가 휘청거렸다. 날마다 회사에서 밤을 지새며 암울한 재무제표를 보곤 했다. IMF 여파는 갈수록 심각해졌다. 근근이 견디고 있던 우리 회사에 대형 사건이 터진 건 얼마 뒤였다.

“큰일 났습니다. 한라조선이 부도 처리가 됐답니다.”

“뭐라고? 한라가?”

“방금 최종 부도 처리가 됐다고 합니다. 이제 어쩌죠? 한라에 물려 있는 돈이 상당한데요….”

머릿속이 새하얘졌다. 한라조선은 중소 조선소였고 우리 회사의 주 거래처이기도 했다. 자금 압박을 견디지 못하고 쓰러졌다는 말은 곧 자금을 회수하지 못한다는 것을 의미했다. 나라를 호령하던 대기업도 넘어지는 판에 중소 조선소가 버틸 재간이 없었던 것이다.

그들을 안타까워할 겨를도 없었다. 당장 우리 회사가도 연쇄 부도가 날 지경이었기 때문이다. 저절로 기도가 나왔다. 이 상황을 어떻게 헤쳐 나가야 할지 방법이 떠오르지 않았다. IMF는 국가적인 차원의 외환위기였고 기업을 보호할 수 없는 상황이었다. 스스로 살아남는 수밖에 없었다.

전 임원을 모이게 했다. 창립 이래 가장 크게 다가온 위기였고 임원 모두 침통한 표정으로 어떻게 사태를 해결해야 할지 의논했다. 재무를 담당하는 임원에게 재정 상태를 물어보니 중소형 조선소가 부도처리된 곳이 많아지면서 우리와 거래하는 곳에서 회수하지 못한 돈이 10억을 넘어섰다.

"회장님, 이대로 가다간 재정이 위험합니다."

"일단 은행에서 융통할 수 있는 대로 융통합시다. 다행히 IMF 상황에서도 주문 생산이 지속적으로 이어지고 있으니 긴축재정으로 살림을 해봅시다. 우선 저부터 임금을 30% 삭감하겠습니다."

임금 삭감은 물론이고 모든 생활에서 근검절약하는 모습을 보여주었다. 타고 다니는 차도 반납하고 가능한 한 걸어 다녔다. 보여주기 위한 효과가 아니라 정말 내 먼저 허리띠를 조이지 않으면 망할 수 있다는 심정으로 치열하게 살았다.

회사의 대표로서 어려운 상황을 타개해 나가겠다는 의지를 온몸으로 보이자, 신기한 일이 벌어졌다. 1년치 월급의 30%를 반환했다는 소식이 전 직원들에게 알려졌고 임원을 비롯한 직원들이 움직이기 시작한 것이다.

"회장님, 노조에서도 전 직원이 10% 임금을 반납하겠다고 결의했습니다."

"정말 고맙네. 지금 월급이 100만 원 조금 넘는데 그중에 10%라면 적지 않은 금액일 텐데 회사를 위해 희생해 주겠다니 정말 고마워."

공장을 다니며 만나는 직원들마다 위기를 잘 버텨보자고 격려하다 보니, 공장을 처음 시작하며 동고동락하던 때로 돌아가는 듯했다. 이제는 제법 직원들도 많아져서 일일이 개인사를 파악하는 게 어려워졌지만 진심은 통했다.

"수고가 많네. 작업하는 데 어려움은 없나?"

"작업량이 많다는 것 말고는 괜찮습니다. 그래도 얼마나 다행입니까, 다른 회사들은 일이 없어서 문을 닫는데 우리는 할 일이 많잖아요."

"그렇지? 맞아, 우리 회사는 모두의 것이야. 물론 창업주는 내가 맞지만, 직원 모두가 주인인 회사라는 생각으로 회사를 이끌어주게. 참, 자네 이번에 아기 낳았다고 하지 않았나?"

"맞습니다. 아휴, 회장님, 그걸 어떻게 기억하십니까"

"당연히 기억하고말고. 딸인가, 아들인가? 이제 아이 아빠가 됐으니 책임감을 가지고 우리 더 열심히 해보세."

매일 만나는 직원들과 이런 대화를 나누며 어려운 시기를 견뎠다. 뼈를 깎는 고통으로 임금까지 삭감하며 자리를 묵묵히 지켜준 직원들 덕분에 회사는 빠르게 안정을 찾아갔다. 물론 구멍 난 재정 때문에 부사장이 매일 은행에 출근할 정도로 자금의 압박은 계속됐지만, 150여 명의 직원이 한마음으로 어려움을 이기겠다는 의지를 꺾을 순 없었다.

다행히 회사에 큰 위기를 가져온 IMF라는 높은 파도는 1년 만에 빠르게 잠잠해졌다. 위기를 넘기면 기회가 된다더니, 과연 동화정기는 위기를 극복하고 더욱 단단한 성장의 발판을 마련할 수 있었다.

2001년, 동화정기는 무지개 공단에서 새롭게 조성한 국가산업단지인 녹산 공단으로 회사를 옮기고 사명을 동화엔텍으로 바꾼 뒤 제2의 창업을 선포했다. 나는 그동안 분골쇄신한 직원들에게 뭔가 보답을 해주고 싶었다. 직원들이 이 회사가 자신의 회사라는 주인의식을 가지면서 물질적으로 보상할 수 있는 방법이 무엇일까 생각하다가 우리 사주를 선물로 주어야겠다는 결론에 이르렀다. 물론 반납한 임금에 따라 차등을 두었지만 어쨌든 직원 모두가 우리 사주 주식을 선물로 받았을 때 엄청난 반응이 왔다.

"우와, 우리 사주라니. 회장님, 정말 감사합니다."

이후 당시 액면가로 나눠줬던 우리 사주 일부는 임직원에 대한 감사의 마음으로 회사에서 다시 시가로 사주었다.

직원들은 정말 좋아했다. 물질적 가치도 가치지만, 동화엔텍으로 바뀐 회사의 주식을 보유하게 되었다는 자긍심이 느껴진다는 말을 참 많이 했다. 이러한 분위기 속에서 나는 그동안 노조에 대해 가지고 있던 속마음을 어렵게 꺼냈다.

"예전부터 가지고 있던 생각이니 오해하지 말고 들어 주게. 자네들, 노조 이름을 '가족사랑위원회'로 바꾸면 어떻겠나?"

"가족사랑위원회요? 회장님, 무슨 친목 단체 이름 같습니다. 하하하."

"노조 활동을 하지 말라는 게 아닐세. 그런데 노조라고 하니까 좀 거칠고 위화감이 느껴져서 그래. 우리가 모두 동화라는 이름으로 한 가족처럼 회사를 움직이고 있으니 이름도 좀 부드럽게 바꾸면 좋겠다는 생각이 들어."

"회장님 마음은 잘 알겠습니다. 한번 의논해 보겠습니다."

숙고 끝에 동화의 노조는 가족사랑위원회로 이름이 바뀌었다. 대표로서 어떤 강압성도 없이 진심을 전한 것뿐인데 직원들이 받아들여 준 것이다.

지금도 동화엔텍의 노조는 가족사랑위원회로 활동 중이다. 과연 이름이 주는 위력이 대단한지, 동화엔텍의 노조는 회사와 직원 간 가교 역할을 잘하며 오늘에 이르고 있다. 우리 회사의 노조 이야기를 들은 타 회사 사람들은 그게 가능하냐고 반문하기도 하지만, 여전히 가족사랑위원회는 건재하며 1987년 설립 이래 단 한 건의 노사 분쟁도 없는 회사로 인정받아 2002년 부산시 산업평화상 대상, 2009년 노동부 장관 선정 노사상생우수기업 표창을 받기도 했다.

이러한 결과는 어느 한쪽의 노력으로 이루어진 것이 아니다. 생각해 보면 이 모든 결과는 위기에서 비롯되었다. 위기는 사람을 모이게 하고 희생하게 했으며, 함께 극복하게 해주었다. 그 '함께' 가 회사와

동화 임직원 자녀들의 보육을 책임지는 바른어린이집

노조 간 신뢰와 사랑이라는 하모니를 만들어주었다고 생각한다.

개인적으로 직원들에 대한 고마움이 큰 나는 어떻게 하면 직원들을 도울 수 있을지 고민했고, 2010년대를 지나면서 임직원의 자녀 양육에 관심을 갖게 되었다. 녹산 산단은 아무래도 외진 곳이었기에 젊은 직원들이 아이를 키우기에 적당하지 않았다. 아이 키우는 일에 대해 국가와 사회, 기업에서도 나서는 시점이었고 책임감을 느끼고 있었다.

그러던 중 2016년 녹산 산단에도 '직장 어린이집' 수요가 생겨났다. 우리 회사의 임직원만으로는 어린이집 개원이 어려울 것 같아 지

설날을 맞아 한복을 입고 녹산 산단 어린이집 관계자들과 함께

역의 뜻 있는 기업들을 수소문했다. 다행히 12개 기업이 참여했고 부경대학교, 동아대학교를 비롯한 부산시의 전폭적인 지원을 받아내 녹산 산단 공동 어린이집인 '바른어린이집'을 개원했다.

바른어린이집은 임직원 자녀의 보육을 담당하며 지금까지 이어지고 있다. 고맙게도 어린이집 행사에 불러주면 용돈을 준비해서 아이들과 만나기도 하고, 매주 금요일이면 조용히 어린이집 주변을 살피는 등 많은 관심을 쏟고 있다.

바르게 제대로

동화엔텍의 화전 공장에 들어서면 돌에 새긴 슬로건이 보인다. 여느 기업의 유창한 캐치프레이즈처럼 세련된 문구는 아니지만, 동화엔텍 100년을 바라보며 한 자 한 자 새겨놓은 글귀다.

'바르게 제대로.'

이전에 동화엔텍의 슬로건은 좀 달랐는데, 이렇게 바뀌게 된 결정적인 일이 있었다. 녹산 공단으로 회사를 이전하면서 동화엔텍은 대외적으로 규모가 커졌고 제품의 포트폴리오뿐만 아니라 거래하는 곳도 세계적인 면모를 갖추어 경영 관리에도 신경을 써야 했다.

창업 이후 우리와 함께해왔던 인력들이 포진해 있고 그들에 대한 믿음과 신뢰가 있었기에 나름 든든했다. 회사의 재무구조에 대한 평가 역시 해마다 큰 문제가 없었기에 마음을 놓고 있었는데, 어느 날 이상한 보고가 올라왔다.

"회장님, 관리 상무에 대해서 이상한 이야기가 들립니다."

"이상한 이야기? 무슨 일이지?"

"그게… 회삿돈을 착복하는 것 같다고…."

"뭐?"

눈앞이 캄캄했다. 회사 창업 이래 처음 있는 일이었다. 그 순간만큼은 제발 잘못된 소식이기를 얼마나 바랐는지 모른다. 하지만 가장 윗선까지 보고가 들어왔다는 건 충분한 근거가 있다는 뜻이었다.

전모는 이랬다. 관리상무라는 이가 회사의 돈을 슬쩍 빼내 그 돈으로 여기저기 투자를 해왔고 그 과정에서 커다란 손실을 입자 다시 채워 넣지 못한 것이 드러난 것이다. 해마다 회계감사를 하는 과정에서 전혀 드러나지 않은 이유는 회사의 구조상 외국과의 거래 과정에서 소위 '장난'을 칠 수 있었기 때문이다.

"사실관계를 제대로 확인했나?"

"네, 회계 감사팀이 계속 확인해보니 확실한 것 같습니다."

"알았네. 그래도 당사자에게 확인하는 게 맞겠지."

마음이 너무도 착잡했다. 그 사람과 함께했던 오랜 시간이 떠오르며 가슴이 무척 아파왔다. 창업 공신이라 불릴 정도로 어려운 시절부터 같이하며 임원까지 된 사람인데, 믿는 도끼에 발등 찍혔다는 배신

감보다 그 사람이 도대체 왜 그렇게 했을까 속이 상했다. 혹시 회사에 섭섭한 게 있었을까, 왜 우리는 이런 사실을 처음부터 알아채지 못했을까 여러 생각이 교차했다.

얼마 뒤 당사자는 자신의 범죄를 실토했다. 눈을 떨구고 죄를 고백하는 그가 원망스러우면서도 안타까웠지만, 최고 결정권자로서 최대한 객관적으로 상황을 정리했다. 이미 회사는 적지 않은 금액을 손해 본 상태라 그에 대한 책임을 지게 했으나, 그동안 회사에 기여한 공을 생각하여 인도적인 차원에서 사안을 마무리했다. 오랜 시간 함께해온 동료를 향한 배려라고 생각해서였다.

이 사건은 이미 직원들에게 알려졌고, 대표로서 동요하는 직원들을 다독이고 회사 내부 상황도 다시 점검해야 했다. 내심 혼란스러운 가운데 또다시 벼락같은 소식이 이어졌다.

사건을 일으킨 당사자가 스스로 생을 마감했다는 것이었다. 자책감과 회사를 향한 미안함을 이겨내지 못한 것이다. 소식을 듣고 마음이 쓰라렸다. 누구나 실수는 할 수 있다. 유혹에 넘어갈 수도 있다. 그럼에도 실수를 저질렀을 때 끝까지 책임지는 모습을 보여주었더라면 얼마나 좋았을까 안타깝기 그지없었다.

모두 무거운 마음을 안고 사건을 마무리하면서, 한 가지 생각만 들었다. 겉보기에 아무리 잘되고 있어도, 각자 올바른 기준으로 제대로 하지 않는다면 반드시 허점이 드러난다는 것이었다. 이번 사건만 해도 열 사람이 한 사람을 지키지 못한다는 것을 여실히 보여주었고, 결국 각자 양심적으로 바로 서야 한다는 것을 깊이 깨우치게 되었다. 바르게 제대로 일해야 한다는 마음가짐을 모두 장착했으면 했다.

무엇보다 이런 일이 일어나게 된 데는 대표이사로서 나의 책임이 컸다. 앞으로는 결코 이러한 일이 일어나지 않도록 방지하자는 차원에서 '바르게 제대로'라는 슬로건을 내걸었다.

동화엔텍이 녹산 공단에 입주하고 얼마 뒤 화전 공단에 플랜트 전문 공장을 지어 두 곳을 운영하게 되면서, 화전 신사옥 준공식에서 나는 '바르게 제대로' 일하는 일터 문화를 메시지로 전했다. 더불어 그 글귀를 돌에 새겨 다시 한 번 초심으로 돌아가 매사 제대로 하는 백년 기업으로 우뚝 서길 소망했다.

'동화 가족 여러분,

30평 남짓한 창고를 빌려 창업한 지 33년, 우리는 꾸준히 성장했고 여러 지역을 전전한 끝에 이제는 화전에 플랜트 전문 공장까지 완성했으니 감회가 벅찹니다.

열심히 한 보람으로 중소기업에서 중견기업으로 성장했음을 높이 평가하지만, 앞으로 30년을 어떻게 만들어갈 것인가 자문하면서 저는 여러분께 백년기업을 만들어가자고 호소합니다.

그동안 지속 가능한 기업에 대한 해답을 찾고자 노심초사한 결과,

'Back to Basic'이란 말이 해답이 되지 않을까 하는 생각이 들었습니다. 이 표현을 순수한 우리말로 '제대로 하자'로 바꾸어 보니 제법 설득력 있게 느껴졌습니다. 그래서 이번에 '바르게 제대로'라는 슬로건을 공표하게 되었습니다.

제대로 한다는 것은 기본과 원칙에 따라 행동한다는 원론적인 의미를 담고 있습니다.

우리나라는 압축 성장을 하면서 은연중에 '빨리빨리' 문화가 정착하였습니다. 이런 문화는 긍정적인 평가도 받지만, 그 이면에 수단 방법 가리지 않고 성과 위주로 능력을 평가하는 풍토를 낳아 편법이 난무한 문화를 만들기도 했습니다.

하지만 이제는 편법에 의한 시행착오를 용납하지 않는 시대입니다. 매사 제대로 한다는 것은 고통스럽기도 합니다. 하지만 그것은 자율에 기반을 두고 기본과 원칙을 존중하며 스스로 행동하고 책임지는 의식의 대전환을 의미합니다.

의식을 혁신하는 것은 끊임없이 모니터링하고 걸림돌을 제거하면서 다듬어가는 긴 여정입니다. 이것이 바로 우리의 꿈이며 이상입니다.

그러니 모든 일을 바르게 하자는 윤리강령을 실천하고, 제대로 일하는 장수기업을 만들어갑시다.'

이 당부는 2017년 공식 직책에서 물러나고 2세 경영체제로 바뀐 뒤에 모든 직원에게 전한 메시지다. 이렇듯 일련의 사건을 겪으면서 동화엔텍은 '바른 생각으로 매사에 제대로 임해야 한다'는 정신 아래 지금에 이르고 있다.

고 정주영 회장이 교양 강좌에서 이런 이야기를 한 적이 있다. 사람은 누구나 나쁜 운과 좋은 운을 동시에 가지고 있는데, 열심히 일하는 사람에겐 나쁜 운이 들어올 틈이 없다는 것이다. 그만큼 사람의 노력이 운을 앞설 수 있다는 말이다. 일이나 경영이나 바르고 제대로 하는 것이 중요하기에 오늘도 '바르고 제대로'라는 구호를 마음속으로 새긴다.

2030년을 향해 나아가는 지금 '바르게 제대로'는 동화 가족에게 어떤 의미일까? 김동건 대표는 2022년 한 언론 인터뷰에서 이렇게 말했다.

"동화엔텍에 오시면 입구에 세워진 '바르게 제대로' 비석을 보실 수 있습니다. 이 글귀는 부친 김강희 명예회장님의 경영철학이자 동화엔텍의 모습 그 자체라고도 말씀드릴 수 있습니다. 2015년부터 이어진 조선 경기 불황과 코로나라는 어려운 시기에도 버틸 수 있었던 건 '바르게 제대로'라는 단순한 명제의 힘 덕분입니다.

처음엔 이 말의 의미를 제대로 이해하지 못했습니다. 가장 쉬운 거 아닌가, 초등학교 도덕책에나 나오는 말 아닌가 생각했습니다. 그러나 제가 본격적인 경영을 시작하면서 정말 이 '바르게 제대로'가 얼마나 어려운지를 절실히 느끼고 있습니다. 우리는 사람인지라 조금 쉬운 길로 빠르게 가려고 편한 선택을 할 때가 많습니다. 그럴 때마다 이 '바르게 제대로'가 그런 유혹에서 저를 지켜줍니다. 이것이 곧 동화의 힘이기도 합니다."

꿈보다 해몽이라고 볼 수도 있겠지만, 큰 사건을 계기로 우리를 한 번 돌아보자는 취지로 시작한 이 문구를 경영철학으로 승계해준다고 하니 참으로 고맙다. 대표뿐만 아니라 모든 직원이 기업이 지향하는 뜻을 그대로 잘 이어가길 바랄 뿐이다.

내려놓음과 또 다른 도약

사랑하는 사람을 먼저 떠나보내는 것만큼 가슴 아픈 일도 없다. 그 대상이 배우자인 것도 가슴 아픈 일이지만, 자식이라면 그 애통함과 한은 이루 표현할 수 없을 만큼 아프다.

안타깝게도 나는 그 경험을 했다. 사랑하는 둘째 아들을 먼저 떠나보낸 것이다. 아들만 있는 집안의 막내는 딸 역할을 한다더니 둘째가 그랬다. 활달하고 성격도 좋아 어디에서나 사랑받고 자기 할 일 책임감 있게 하던 녀석이었는데, 사업을 하는 과정에서 엄청난 스트레스를 받아선지 정해진 수명이 그것뿐이었는지 투병 생활 끝에 하늘나라에 가고 말았다.

단 한 번도 생각하지 못했던 일이 벌어지니 어찌할 바를 모를 정도로 마음이 흔들렸다. 자식을 앞세운 부모, 부모를 앞서 떠난 아들의 애통함이 온몸에 사무쳤다. 짧은 생을 마치고 먼저 간 자식을 묻고 돌아오면서, '내려놓음'에 대한 생각이 굳어졌다.

녹산 공단으로 옮겨와 제2의 창업을 선포하고 가장 바쁘게 움직이는 동화엔텍을 경영하면서, 마음 한편으로는 내려놓는 일을 생각하고 있었다. 지천명이 지난 나이에 회사를 창립해서 이끌다 보니 이미 고희를 훌쩍 넘긴 시점이었고, 바통을 이어갈 사람이 필요했다. 무엇보다 제2의 창업을 선포하고 세계를 향해 나아가는 동화엔텍에는 새롭고 젊은 경영인이 필요했다. 기업의 영광을 이룬 주역들이 아닌 새로운 경영인을 찾아야 했다. 그러나 기업에 대한 책임이 있어야 주관을 가지고 운영할 수 있다는 주변의 조언에 더해 경영 컨설팅까지 받고 고민한 결과, 중국에 있는 큰아들에게 손을 내밀었다.

큰아들은 중국 문학을 전공하고 대기업 중국 주재원으로 나가 그 기업의 중국 법인에서 중견 임원을 하고 있었다. 사실 중국어를 전공하게 된 데는 나의 적극적인 추천이 한몫하기도 했다.

"중국어과를 지원해보는 건 어떠냐? 앞으로는 중국과의 교류가 활발해지는 시대가 올 거야. 그 미래를 대비하는 것도 나쁘지 않다고 본다."

1985년 대학 입시 지원을 앞둔 큰아들에게 아버지로서 건넨 조언이다. 어문학 쪽으로 공부하길 원했던 친구라 존중해주었고, 다만 과에 대해서는 한마디 조언해주는 것이 좋을 것 같아 건넨 말이다. 잠시 고민하는 듯하더니 큰아들은 중국어를 전공하기로 했고 자신의 분야에서 성실하게 커리어를 쌓으며 대기업에 입사했다. 그곳에서 열심히 일하던 중 중국 주재원 1호로 파견되더니 중국으로 들어가 중국 지사를 총괄하는 업무를 수행하고 있었다. 그래선지 한국으로 들어와 경영을 하는 것에 대해 의견을 타진했을 때도 크게 생각하지 않는 듯했다.

"아버지, 저는 중국에서 할 일이 많습니다. 귀국은 생각해보지 않았습니다."

"그래도 네가 들어와 나를 좀 도와주면 좋지 않겠니? 현역에서 일하기엔 나도 나이도 많고 감각도 떨어진다. 잘 생각해봐라."

끝내 큰아들은 원하는 답을 주지 않았다. 그렇게 또 수년이 흘렀고 둘째가 세상을 떠나고 난 뒤에는 마음이 더 조급해졌다.

"이제는 자네가 들어와 나를 좀 도왔으면 좋겠네. 중국에서 일한 경험도 있으니 국제적 감각을 가지고 회사를 맡아서 경영해봐."

"정말 제가 할 수 있는 일이 아닌 것 같습니다. 저는 공과 쪽도 아니고 그쪽 분야도 잘 모르지 않습니까?"

"분야라는 게 어딨나? 직접 부딪혀보면 전문성이 생기는 거지."

"그래도 아직은 아닙니다."

두 번째로 고사를 하니 마음이 더욱 다급해졌다. 가뜩이나 막내를 잃은 아픔에 어수선한데 경영 승계까지 만만치 않으니 답답할 노릇이었다.

그렇게 또 얼마간의 시간이 흘렀고, 더 이상 지체할 수 없다는 생각이 들어 중국으로 향했다. 바쁜 와중에 중국까지 찾아온 아버지를 본 아들은 깜짝 놀랐고, 마주 앉아 허심탄회하게 이야기를 나눴다. 여전히 단호한 결정을 내리지 못하는 모습에 역정이 나기도 했지만, 그래도 아버지이기에 조금 더 기다려주기로 했다.

"신중히 생각해보고 결정하겠습니다."

"그러도록 해. 누구보다 회사 사정을 잘 알고 있고 외국 경험도 있으니 동화엔텍이 글로벌 기업으로 성장하고 있는 시기에 잘 해낼 거야. 솔직히 지금 상황이 그리 좋은 게 아냐. 우리뿐만 아니라 거의 모든 기업이 리먼 사태로 어려움이 많다. 그래서 더욱 책임 있게 기업을 이끌 사람이 필요해. 잘 생각해서 결정하도록 해."

마지막으로 선언하듯 말한 뒤 한국으로 돌아온 나는 2010년 동화엔텍이 창립 30주년을 맞이하는 시점에서 사원들에게 진심을 담아 메시지를 전했다.

'친애하는 동화 가족 여러분,

오늘은 동화가 이 땅에 탄생한 지 30년이 되는 날입니다.

무에서 오늘의 동화를 만들어온 여러분의 노고에 감사드립니다.

현재 동화는 매출이 2천 억, 가족 수도 400여 명으로 중소기업의 틀을 벗지 못했지만 머지않아 중견기업으로 진입할 단계까지 발전해 왔습니다.

그럼에도 앞으로 30년 후의 모습을 그려볼 때 지금까지 이뤄온 역동적 성장을 지속할 수 있을지 불안한 마음이 드는 것도 사실입니다.

경영 환경은 예측불허이고 변동성이 큽니다. 30년을 맞는 역사적 시점에 서서, 어떻게 해야 앞으로 30년이 아닌 100년 기업으로 나아갈 수 있을지 큰 과제가 아닐 수 없습니다.

동화는 지속 가능한 기업이 되어야 합니다. 지속 가능한 기업이 될 때 행복한 일자리가 창출될 수 있기 때문입니다.

다만 이 지속 가능한 기업의 원동력은 성과입니다. 기업의 흥망성쇠는 성과 창출에서 비롯됩니다. 기업이 성과를 못 내면 쇠퇴의 길로 가는 것은 당연한 일입니다.

그러니 다시 한 번 오늘의 경제 환경에 부응하고 우리 동화 가족의 원대한 꿈인 100년 기업을 만들어보자는 굳은 각오를 다집시다.'

2010년 지나면서 동화엔텍은 재정적으로 휘청거렸다. 우리뿐만 아니라 많은 기업이 어려움을 겪었다. 2008년 미국의 리먼브라더스 사태로 인해 전 세계에 IMF 위기 못지않은, 아니 어쩌면 그보다 심각한 글로벌 금융 위기가 몰아닥쳤다.

우리도 다르지 않았다. 수출 비중은 높았지만 조선소를 통한 간접 수출 중심에서 직접 수출 비중이 높아졌고, 국내 조선소뿐 아니라 일본, 중국 등 외국의 조선업계와도 거래를 하고 있던 터라 국제 금융 흐름에 민감할 수밖에 없었다. 당연히 리먼 사태로 엄청난 환율 부담이 발생하는 동시에 거래가 줄어들었다.

그래도 2010년까지는 2, 3년 전 수주한 물량이 남아 있어 버틸 수 있었으나, 그 이후의 상황이 보장되지 않아 재정에 대한 부담이 상당했다. 대형 조선소는 수주 실적이 양호했지만 중소 조선소는 수주 가뭄에 시달렸고 현금 흐름이 여의치 않아 부도 이야기가 떠돌았다. 실제로 한 기업이 금융위기 여파로 부도 처리되어 우리도 적지 않은 손실을 보았다. 이러한 파급 효과가 언제까지 얼마나 이어질지 알 수 없는 상황이 펼쳐졌다.

창립 30주년을 지나면서 동화엔텍 역시 이러한 조선산업 시장과 세계 경제의 변화에 맞춘 대비책과 새로운 경영 방식이 필요했다.

바로 이런 시점에 큰아들 농건이 한국으로 돌아와주었다. 수차례에 걸친 아버지의 권유에 마음이 움직였던 것이다. 훗날 김동건 대표는 그때의 심정을 이렇게 표현했다.

"수년간 이어진 간곡한 부탁이 마지막에는 강건한, 마치 칼만 안 든 불량배처럼 느껴질 정도로 간절했다. 이렇게까지 간절한 이유를 알고 싶을 정도였다. 나의 기억 속 아버님은 집에서 식사만 하시고 잠만 주무시던 분이셨는데 그분의 삶이 궁금해졌고, 그분이 이루고자 하는 바를 알고 싶어졌다. 여러 해 동안 다니던 직장과 현지의 삶을 정리하는 것도 쉽지 않고, 중국에서 막 학교를 다니기 시작한 아이들의 삶 또한 걱정되었다. 그럼에도 내가 선택할 수 있는 것은 그분이 이루고자 하는 바를 제대로 이해하고 바르게 이행하는 것이라는 결론을 얻었다."

2012년, 동화엔텍은 김동건 대표 체제하에 새로운 경영체계를 수립했고, 나는 한결 가벼워진 마음으로 내려놓기를 할 수 있었다. 마냥 반가운 일은 아니었다. 중국에서 잘 지내고 있는 사람을 데려와 막중한 책임을 지운다는 생각에 여러 감정이 교차했다. 동화엔텍의 새로운 경영인으로 손색이 없는 자식을 두었다는 아버지로서의 자부심과 새 술을 새 부대에 담는다는 기대감, 막중한 책임을 지웠다는 미안함 등이 뒤섞인 기분이었다.

다행히 2대 CEO로 취임한 김동건 대표는 빠르게 업무에 적응하며 동화엔텍이 지향하는 100년 기업, 지속 가능한 기업을 향해 모든 지식과 지혜를 쏟았다.

연구소와 긴밀한 협조하에 계속해서 새로운 시장을 개척해 나갔고, 독자적으로 개발한 신제품을 공격적으로 선보였다. MGO Cooling Unit을 비롯해 선박 중앙냉각용 해수 펌프의 지능형 제어 장비인 ESS를 연달아 출시하면서 마케팅 면에서 성공을 거두었다. 지금까지 동화엔텍의 주요한 고객이 조선사 및 중공업이었다면, 위의 두 제품은 조선사의 고객인 선주들에게 직접 영업한 결과물이다. 바야흐로 '글로벌 동화'로의 시작을 알리는 계기가 된 제품이다.

물론 성공적인 결과만 있었던 것은 아니었다. 담수 장치라는 신시장을 본격적으로 개척하면서 시행착오도 경험했다. 외부 전문가로 조직된 특수사업부를 통해 신재생에너지 해수 담수화 사업에 뛰어들어 공기열, 수열, 지열, 폐열 등 저온의 열온에서 열을 흡수하여 고급 에너지로 변환시키는 친환경 비연소식 에너지 기기를 개발하여 조선 및 열교환기로 국한된 사업 모델을 확장하고자 하였으나, 기술 기반이 취약한 상태에서 무리한 신사업 추진은 오히려 회사 경영에 부담이 되었다.

그럼에도 김동건 대표 체제하에서 제2의 창업 시대를 맞은 동화엔텍은 어려운 글로벌 경영 위기 상황에서도 품실 우선주의를 외치며 질적 성장에 집중했다. 그 결과 품질 경쟁력 우수기업으로 십 수년간 연속 선정되는 동시에, 글로벌 선도기업으로 선정되어 IBK기업은행에서 선정하는 명예의 전당에 오르기도 했다.

개인적으로 바랐던 일도 이루어졌다. 바로 '월드클래스 300' 기업으로 뽑히는 명예를 얻은 것이다. 월드클래스 300 기업은 독일의 'Hidden Champion' 모델을 벤치마킹하여 국내에서도 유망 중소·중견 기업을 육성하기 위해 2011년 29개 기업을 선정한 것을 시작으로 해마다 우수기업을 선정하고 있다.

기업인 명예의 전당 헌정 흉상 제막식(2011)

2014년 2월 말 월드클래스 300 기업 선정 공고가 신문에 났고, 평소 이 지원사업에 큰 관심을 가지고 있었기에 김 대표에게 미션을 주었다. 앞으로 회사의 방향을 설정하는 데 큰 도움이 되리라 생각했기에 신문 하단을 오려 전달하면서 의지를 표현했다.

"올해 월드클래스 300 기업 공고가 났네, 우리도 한번 도전해보는 것이 어떤가?"

접수까지는 채 한 달이 남지 않았고, WC300 지원 시책은 다른 정부 R&D 과제와 달리 기업의 성장 의지와 성장전략을 담아야 하기에 한 달은 너무도 짧았다.

당시 부사장이던 김 대표는 회사 중역들을 불러 회의를 시작했다.

바쁜 시기에 이런 것을 해야 하느냐는 반발도 있었다. 비전-시장-기술-투자-경영 혁신으로 이어지는 성장전략을 이야기로 풀어내는 것은 쉽지 않은 도전이었다. 그도 그럴 것이 그때만 해도 고객의 니즈를 제일 먼저 해결하는 것이 경쟁력이었던 시절이었기에, 시장을 예견하고 기술에 투자하여 남들보다 앞서 나간다는 생각이 부족했기 때문이다.

김 대표는 이런 상황에 실망하지 않고 하나하나 이야기를 풀어나갔다. 약 한 달의 시간 동안 150여 페이지의 성장전략이 책으로 나왔고, 그것을 본 나는 자신감이 생겼다. 이미 새로운 비전을 갖게 되었으니 월드클래스 선정은 더 이상 미션이 아니었다.

WC300 성장전략에 관한 서류 접수가 통과되었고 인터뷰 면접이 이어졌다. 인터뷰는 시장, 고객, 기술, 경영혁신을 주제로 각각 30분간 네 명씩 입장해서 질의응답을 수행해야 했기에, 각 주제에 정통한 에이스 네 명을 선발하여 준비했다. 전체적인 발표는 김 대표가 하고 나 역시 2분간 발표를 했다. 원만한 가업승계를 통해 기업을 이어가는 기업인으로서 제대로 하는 기업은 어떤 기업인지, 기업을 통해 어떤 꿈을 이루고자 하는지 발표했다.

결과는 합격이었다. 국가로부터 '월드클래스 기업'이라는 칭호를 받고, 우리가 만드는 제품들이 세계 일류 상품에 지정된 것이다. 이것은 동화엔텍의 열교환기가 세계적으로 인정받고 있음을 공식적으로 보여주는 쾌거였기에, 가장 값지게 생각하고 있다.

도약하라 한 번도 뛰지 않은 것처럼, 비상하라 처음 나는 것처럼!

"회장님, 이제는 결단을 내려야 할 것 같습니다."

"지금 이대로는 어렵겠지?"

"네! 조직을 바꿔야 우리가 그토록 바라던 지속 가능한 기업으로 갈 수 있을 것 같습니다."

"그렇다면 추진하는 게 맞지."

탁자를 마주하고 앉은 우리 두 사람은 더 대화를 이어가지 못했다. 말할 수 없는 착잡함이 밀려왔기 때문이다.

2015년, 조선산업은 조선사 해양 플랜트의 누적된 적자와 수주 절벽이라는 이중고 속에 구조조정이 가속화되고 있었다. 동화엔텍 역시 2015년을 지나면서 전 세계적인 저성장과 저유가로 말미암아 글로벌 경제위기의 여파를 온몸으로 맞았다. 내부적으로도 문제가 드러났다. 제품 개발과 생산에 박차를 가하며 시장을 개척하는 것과는 별개로, 성장세를 예단하여 사전에 인프라를 구축하는 경영전략으로 인해 인력 면에서 방만해진 경향이 있었던 것이다.

김동건 대표는 많은 고민과 논의 끝에 중대한 결정을 내렸다. 조직을 좀 더 컴팩트화, 슬림화해야 한다는 결정이었다. 물론 그 과정에서 수차례 외부 경영 컨설팅을 받았고, 컨설턴트들의 의견 역시 구조조정을 통한 조직 재정비가 필요하다는 것이었다.

창립 이래 단 한 번도 구조조정을 했던 적이 없었던 터라 결정을 내리기는 쉽지 않았다. 다만 희망퇴직을 통한 인력 감원 방식을 택했기에 대부분 퇴직을 앞두거나 시기를 넘긴 인력들이 감원의 대상이 되었다. 나로서는 이 회사에서 희로애락을 함께 한 동료들에게 퇴직을 권고해야 한다는 게 무척 괴로웠다. 하지만 회복이 되려면 수년이 걸릴 것이있기에 모두를 안고 간다는 건 매우 큰 부담이었다.

이에 창립자로서 책임지는 마음으로 전 직원에게 메시지를 보냈다. 수년이 지난 지금 생각해도 그날은 참 가슴이 아프다.

'사랑하는 동화 가족이여!

창업 이래 36년간 우리는 오직 한 가족으로 좋은 일자리를 만들어 대대손손 오순도순 행복하게 살아보자고 다짐해 왔는데 꿈조차 꾸어보지 않았던 희망퇴직을 권고하다니, 한 입으로 두말을 하게 된 창피하고 부끄러운 심정을 무어라 표현하며 양해를 구할지, 참담하기 그지없습니다.

전 세계적으로 예측하지 못한 저성장과 저유가로 말미암아 일어난 글로벌 경제위기 때문이라지만, 경영에 잘못은 없었는지 반성도 해봅니다.

그러나 이런 상황에서 지나간 잘못을 놓고 갑론을박만 한다면 앞날 또한 암담할 것입니다. 과거에 매여 앞날을 준비하지 못한다면 우리는 더 큰 실패를 맛보고 생존 자체를 위협받을 수도 있습니다.

그러므로 지금의 고통을 감수하고 미래를 대비하는 처방을 내놓는 것 말고는 다른 선택이 없음을 헤아려주시기 바랍니다.

이 어려움이 앞으로 얼마나 갈 것인지 누구도 분명한 예측을 내놓지 못하지만, 적어도 2~3년은 더 견뎌야 조금이나마 회복될 것이라는 전망이 우세합니다.

그러니 지금 겪는 우리의 고통은 훗날 세계 경기가 회복되었을 때 보약의 효과로 나타나 필연코 동화를 월드챔피언 기업의 대열에 올려놓을 것이라고 확신합니다.'

한 글자 한 글자 아픈 가슴을 안고 써 내려가면서 그동안 함께했던 동료들의 얼굴이 주마등처럼 스쳐갔다. 온수도 나오지 않는 허름한 공장에서 입김 호호 불어가며 엔진과 씨름했던 동료들, 우리 기술로 만든 부품이 작동되는 것을 지켜보며 얼싸안고 눈물을 흘리던 동료들의 자랑스러운 모습이 떠올랐다. 모두 함께했기에 가능했던 일이었다. 그럼에도 조직의 지속을 위해서는 결단이 필요했고, 그저 오해 없이 진심을 알아주었으면 하는 마음뿐이었다.

직원들에게 희망퇴직을 권고하는 메시지를 보내며 나 역시 그들과 아픔을 나누기 위해 몇 가지 약속을 했다. 급여를 반으로 줄이고 집무실을 축소하며, 대표이사직은 내려놓았지만 미래의 동화까지 무한 책임을 질 각오로 헌신하겠다는 약속이었다. 또한 혹여라도 이러한 결단이 확대 해석되어 리더십에 걸림돌이 되지 않도록 어설픈 처신을 하지 않으리라는 각오를 다졌다.

이렇게 동화엔텍은 2016년부터 희망퇴직을 원하는 이들과 만나 최대한 예우를 갖출 수 있는 방법을 찾아 진행했다. 재정의 어려움에도 불구하고 수고한 직원들을 위해 50억이라는 큰 자금을 빌려 희망퇴직금으로 사용하는 등 최선을 다했다. 이 과정에서 창립 초기 멤버로 동화엔텍의 성장에 혁혁한 공을 세운 이들과도 이별을 고했다. 이별의 과정이 한없이 매끄러울 수는 없지만 최대한 정중하게 예의를 지키고자 하는 김동건 대표의 뜻에 따라 안정적으로 마무리됐다.

2~3년에 걸친 구조조정을 통해 동화엔텍은 350명이 넘는 조직에서 200여 명의 조직으로 슬림화를 이루면서 오히려 기동성을 갖추게

되었다. 이전의 방만했던 조직이 컴팩트하게 짜였고 부서 간 소통이 더욱 긴밀해졌다. 무엇보다 기존 세대가 물러나고 젊은 세대가 인력의 주류를 이루게 되니 의사 체계도 확실히 자유로워졌다.

"이봐, 부서 인원이 줄었는데 일하는 건 어때?"

"회장님, 오히려 분위기가 더 좋아졌습니다."

"그래? 힘든 건 없고?"

"일이야 원래 하던 일인데요. 이제 제가 남아서 끝까지 해야 한다고 생각하니 회사를 생각하는 마음이 더 커진 것 같습니다. 그래서 더 편하게 일하고 있습니다."

"그래? 그것 참 다행이군."

신기하고도 고마운 일이었다. 인력이 줄어들면 자신의 일이 더 가중될 거란 마음에 지레 걱정을 하기도 하고 불만을 품기도 하련만, 그런 분위기가 전혀 보이지 않았다. 오히려 정말 이 일터를 좋아하고 원하는 이들만 남아 있다는 마음이 직원들을 더 똘똘 뭉치게 했다.

조직의 이 같은 단합된 마음이 더욱 빛을 발한 것은 사상 유례없는 코로나 19라는 사태를 맞이하면서였다. 누구도 예측하지 못했던 코로나 사태를 맞으며 거의 모든 기업이 타격을 입었고 우리 회사 역시 또 한 번 어려운 시기를 맞닥뜨릴 뻔했다. 그러나 다행히 조직이 재정비되는 과정 중이라 인력 비용이 절감되는 한편, 남아 있는 직원들 역시 분골쇄신하는 마음으로 회사를 위해 일해주었다.

직원들 속으로 뛰어 들어간 김동건 대표는 내부적으로 조직의 체계를 잡는 동시에, 동화엔텍 고유의 기술 개발과 새로운 시장 개척을 위해 많은 노력을 기울였다.

중국이 놀라운 속도로 성장하여 우리나라와 조선업 1위를 다투는 시점이었지만, 우리에겐 고도화된 기술이 있기에 정량적인 기준이 아닌 정성적인 기준을 강조하며 세계 시장을 공략해 나갔다. LNG 분야의 활발한 개발을 통해 제품의 질적인 성장을 도모하고 포트폴리오를 확대한 결과, 해외 시장 및 국내 시장에서 해외 업체들과 경쟁하며 친환경 선박인 LNG 추진 선박의 가스연료 공급시스템인 FGSSFuel Gas Supply System 수주를 받아 활발히 납품할 수 있게 되었다.

또한 전통적인 Shell & Tube, Plate Type 열교환기 전문기업에서 시스템 기술기업으로 또 한 번 도약하기 위해 도전을 이어가고 있다. Comapct 열교환기로서 초저온에 사용되는 PFHEBrazed Plate Fin Heat Exchanger, PCHEPrinted Circuit Heat Exchanger 분야 역시 세계 최고의 설비를 투자함과 동시에 국책과제를 통한 연구개발 참여로 기술 검증을 마무리하여 세계 시장을 두드리고 있다,

이 분야의 연구개발 투자는 적어도 5년 후, 10년 후 다시 기술의 동화를 강화하는 요인이 될 것이다. 이제는 오히려 나보다 김동건 대표가 연구소를 더 많이 찾고 있고, 김동건 대표는 기술과 제품의 관점에서 더 나아가 4차 산업혁명을 통한 사업 비즈니스 모델의 전환을

동화엔텍, 동화뉴텍, 동화차이나 임직원과 함께한 FGSS 커미셔닝 출정식(2023)

준비하고 있는 점이 대견하다.

창립 40주년을 지나는 시점에서 동화엔텍은 보다 슬림하고 체계가 잡힌 조직으로 자리매김하며 변화하는 세상과 마주하며 나아가고 있다. 얼마 전 창립 40주년을 한 해 앞두고 김동건 대표가 『동화기술전략 2030』이란 책자를 펴냈다. 전문적인 기술 분야의 내용이 주를 이룬 전략서였지만, 기업 대표로서 가지고 있는 생각과 비전이 서문에서도 절실히 드러나 가슴이 뭉클했다. 그래서 또 희망을 본다.

'동화엔텍이 열교환기를 우리 손으로 만들어 내겠다는 일념으로 창업한 지 40년이 흘렀습니다.

그간 우리는 다양한 열교환기 개발을 위해 부단히 노력하여 이제 국내외에서 인정받는 열교환기 전문기업으로 성장하였습니다.

2014년엔 정부가 지정하는 월드클래스 300 기업으로 선정되면서 초저온 열교환기 및 시스템 엔지니어링 글로벌 리더를 비전으로 시스템 기술 전문기업으로 변화가 시작되었습니다.

급속도로 변하고 있는 에너지 환경 기술의 흐름 속에서 경쟁관계를 이해하고 우리의 비전을 실현할 전략을 수립하는 일은, 폭넓은 혜안으로 방대한 정보를 수집하여 체계적으로 정리하는 어려운 작업입니다.

그 어려운 작업을 시간을 들여 해왔고 드디어 전 임직원들이 탄소중립시대를 향한 비전을 실현할 수 있도록 기술 전략서를 발간하게 되었습니다.

이는 우리 기업이 열교환기와 압축기의 설계 및 제조 기술을 활용하여 시스템 솔루션을 제공하는 글로벌 선도기업으로 거듭나겠다는 결심을 선포하는 것입니다.

지도가 있으면 목적지까지 가는 여러 경로를 선택할 수 있듯이, 기술 전략이 있으면 우리의 비전에 도달하는 방법을 선택할 수 있습니다.

지도처럼 우리의 기술 전략도 환경의 변화를 감지하며 지속적으로 개정해야 할 것입니다. 그 과정에서 최적의 경로에 대해 논의하고 토론하여 더 깊은 공감대를 함께 만들어갈 것입니다.

빨리 가려면 혼자 가고 멀리 가려면 함께 가라는 말처럼, 우리는 차별화된 친환경 시스템을 제공하는 일에 대해 누구와도 협력할 것입니다.

이것이 그 시작이 되길 바라며 탄소중립과 그린에너지 기술을 선도하는 100년 기업을 향해 힘차게 나아갑시다.'

최고 책임자의 자리에서 내려왔음에도 매일 동화엔텍으로 출근하는 나는 동화엔텍의 최고령 최장기 근속자다. 최고 결정권을 내려놓으니 오히려 회사를 생각하는 사고가 자유로워짐을 느낀다. 예전엔 이것저것 고려하여 제한되었던 장막을 걷고 오로지 어떻게 하면 회사가 성장할 수 있을까를 생각하게 되니 더없이 기쁘고 행복하다.

항공용 열교환기 개발에 도전하다

2005년, 하루는 신문 기사를 읽던 중 부산대학교와 롤스로이스 사가 차세대 민간 항공기 가스터빈용 열교환기 개발에 착수하기로 했다는 소식을 접했다. 롤스로이스라는 이름과 항공기 엔진에 필요한 열교환기라는 대목에서 눈이 번쩍 뜨였다. 항공 가스터빈에서 발생되는 공해 물질인 CO_2 및 NOx를 줄이기 위해 엔진의 효율을 높여야 하니 효율적인 열교환기 개발은 당연한 수순이었을 것이다. 조선, 플랜트, 초저온 열교환기까지 우리 손으로 했으니 다음은 하늘과 초고온이라는 욕심이 생겼다.

그 길로 수소문 끝에 이 프로젝트를 주도하는 리더가 부산대 기계공학부 하만영 교수라는 것을 알게 되었고, 이에 대해서 의사를 타진했다. 일면식도 없는 분이었지만, 나는 이 프로젝트에 동화가 함께 한다면 서로 도움을 주고받을 것이 많을 거라 확신하며 의견을 어필했다.

그 후 프로젝트를 주관하는 롤스로이스 측에서 한국 기업 중 한 곳을 차세대 항공기용 열교환기 제작 기술 개발 파트너로 선정하기 위해 후보군으로 10여 개 기업을 선정했는데, 처음에 우리는 그 리스트에 들지 못했다. 그런데 그간의 협력관계를 통해 우리의 기술을 높이 평가한 현대중공업 관계자가 우리를 롤스로이스에 추천하여 파트너 후보 리스트에 오르게 되었고, 현장 실태 조사를 통해 최종적으로 우리가 선정되었다. 그동안 안정적이고 꾸준한 성장을 보인 우리의 손을 들어준 것이다.

마침내 꿈에 그리던 항공기용 열교환기 기술 개발 사업에 참여하여 2006년에 MOU를 체결하였고, 이 프로젝트는 롤스로이스 사에서도 매우 의미 있는 것으로 여겨져 당시 존 로즈John Rose 회장이 직접 와서 계약서에 사인하는 등 시작이 매우 좋았다.

롤스로이스는 세계 각국의 우수한 대학에 롤스로이스 대학기술센터UTC를 설치하여 우수한 연구진들과 각종 공동 연구를 수행하면서 롤스로이스에 필요한 핵심 기술을 개발하고 이를 제품 개발에 적극적으로 활용하는 것으로 유명하다. 영국의 옥스퍼드, 러프버러대학 등 영국, 독일, 미국 등에 25개의 롤스로이스 UTC를 두고 있는데 부산대

롤스로이스 존 로즈 회장과 MOU를 체결하고 계약서를 교환하는 김강희 회장

학교는 26번째로 롤스로이스 UTC로 선정되었다. 매우 경사스러운 일이었다. 이를 통해 부산대학교 UTC와 롤스로이스 연구진은 시비, 국비 등의 지원을 받으며 항공기 엔진용 열교환기 개발 연구를 본격적으로 수행하게 되었다.

우리는 부산대 UTC 연구팀과 함께 고온, 고압 환경에서 작동하는 미세튜브형 열교환기를 적용하기로 한 뒤, 이를 위해 고온 소재인 인코넬 미세튜브 제조 기술을 활용하기로 했다. 그런데 국내에는 수요의 부재로 인해 인코넬 미세튜브를 생산하는 기업이 없었다. 어렵게 수소문한 끝에 주사기 바늘을 제조하는 국내 제조기업과 협력해 인코넬 미세튜브 제조 기술 개발을 시작했고, 3년간의 시행착오 끝에 개발에 성공했다. 이를 이용해서 우리가 개발한 튜브-튜브시트 브레이징 기술을 접목하여 고온/고압용 튜브형 열교환기CCAHX 개발을 수행할 수 있었다.

나아가 항공기 엔진의 압축기에 공급되는 공기를 냉각시키는 중간 냉각기에는 판형 열교환기를 적용하기로 했다. 이를 위해 동의대학교 교수와 산학협력하여 마스터에 도금층을 형성시킨 뒤 분리하여 적층, 접합하는 제조 기술을 활용한 열교환기 제조 기술을 개발하는 등 새로운 분야로의 도전에 거침없이 뛰어들었다.

프로젝트는 각 단계를 밟아 진행되었다. 2009년엔 부산테크노파크에 차세대열교환기센터를 개소하며 우리가 진행하는 프로젝트의 타당성을 어필하는 동시에, 열교환기 성능 시험설비와 신뢰성 시험설비를 기반으로 열교환기 관련 기술 개발 및 산업 발전을 꾀하고 열교환기 전문기업 육성과 인력 양성의 취지를 알렸다.

실제로 이 센터에 항공기 엔진의 열교환기 운전 조건을 모사하여 성능을 시험할 수 있는 설비를 구축하여, 항공기용 열교환기뿐만 아니라 타 분야의 열교환기까지 개발 단계부터 시제품 상용품 단계까지 필요한 시험 데이터를 제공하고 성공적인 제품 개발을 할 수 있도록 도움을 주었다.

이후 우리 R&D센터에 고온 진공로가 설치됨에 따라 본격적으로 브레이징 접합법을 이용한 열교환기 제조 기술 개발이 시작되었다. 국내 진공브레이징 설치업체와 계약을 맺으며 기술 개발을 협력해나간 것인데, 그때의 경험이 이후 플레이트-핀형 열교환기 접합기술 개발 및 PCHE 접합기술 개발의 토대가 되기도 했다.

개발은 계속 진행되어 U-tube를 사용한 고온/고압 튜브형 열교환기가 개발 완료되어 성능 시험을 수행하는 등 거의 개발이 완료되는 시점에 이르렀고, 롤스로이스로부터 향후 20년간 2600여 대의 미래형 대형 민수 항공에 대한 CCAHX 납품을 위한 RFI를 발행받았다. 이에 우리 역시 열교환기 기본 설계와 도면, 가격 등을 제시하는 등 프로젝트는 막바지를 향해 달려가고 있었다.

이후 RFI 대응과 함께 개선된 열교환기를 설계 제작했고, 롤스로이스 공기 냉각기 개발 담당자가 직접 방문하여 시험 참관하는 등 큰 이슈 없이 테스트 시험이 완료되었다. 이로써 고온/고압 공기 냉각기까지 완료되면서 그동안의 수고에 대해 서로를 격려했다.

그런데 데모 엔진에 장착하여 시험하는 TRL5(TRL Technology Readiness Level, 기술성숙도) 시험을 남겨둔 마무리 단계에서 원치 않은 일이 벌어졌다. 롤스로이스 사에서 개발 보류가 결정된 것이다. 사실 연일 롤스로이스 사에 대한 좋지 않은 소식이 들려오던 시점이었다. 대형 클레임 건에 따른 경영 악화가 이어지고 있었기 때문인데, 결국 롤스로이스 내 모든 연구개발 비용이 축소 또는 삭감되었다. 이에 따라 부산대학교 UTC의 연구 지원 축소, 롤스로이스 코리아의 철수 등 연일 암울한 소식이 전해졌고, 열교환기 개발 역시 다음 해 연구 계획과 예산이 편성되지 않았다. 결국 그해 10월, 롤스로이스 임원이 우리 회사를 방문했다.

"회장님, 정말 죄송하다는 말씀을 드립니다. 내부 사정에 의해 모든 연구개발이 중단된 상태입니다. 열교환기 개발에 대한 동화엔텍의 노력을 잘 알고 있는데, 개발이 잠정 보류되었음을 알려드려야 할 것 같아 찾아왔습니다."

이야기를 듣는 내내 마음이 많이 착잡했다. 2005년부터 무려 12년 넘게 연구진과 기술진이 매달려 협력하고 뛰어다니며 연구했는데 이제 와 개발 보류라니, 얼마나 실망감이 큰지 한동안 마음이 힘들었다. 하지만 경영자의 한 사람으로서 롤스로이스 사가 이러한 결정을 내릴 수밖에 없었다는 것 역시 이해할 수 있었다. 어쩔 수 없는 결정이라는 것도 있을 터이니, 모든 상황이 막혔을 때는 뒤로 물러설 줄도 알아야 한다.

이 프로젝트를 시작한 사람으로서 개발이 잠정 보류된 사실을 연구원들에게 알렸다. 예상했던 반응들이 나왔고 위로하는 시간, 마음을 추스를 수 있는 시간을 주었다. 그리고 이 일을 통해 우리는 무엇을 얻었는지 생각할 시간을 갖자고 했다.

"여러분, 이 일을 진행한 시작점은 저였지만 모두가 함께 항공기용 열교환기라는 전혀 새로운 분야에 도전할 수 있었고, 이를 통해 분명히 기술적으로 얻은 것이 많았다고 생각합니다. 앞으로도 우리는 계속 실패할 기회를 만날 수 있습니다. 자의든 타의든 환경에 의해서든 실패할 수 있지만, 그 상황이 두려워서 피하는 일은 없었으면 좋겠습니다."

롤스로이스 프로젝트가 보류된 지 수년이 지나고 있지만, 그때의 아픈 경험을 애써 감추지 않는다. 최종적인 목표인 항공기 엔진에 우리가 만든 부품을 납품하는 것은 달성하지 못했지만, 12년이라는 시간은 우리에게 수많은 값진 경험을 안겨주었다. 예를 들어 브레이징이라는 신기술을 도입하여 우리가 경쟁업체와 기술적으로 차별화하는 계기가 되었으며, 롤스로이스와 부산대학교의 공동 연구개발을 통해 우리 연구원들의 개발 역량이 한층 성장하였다. 또한 현재 실제 업무에 그때의 경험을 접목하여 큰 도움을 받고 있기에, 자랑스러운 훈장이라고 여긴다.

우리나라에 잘 알려진 경영학자인 톰 피터스라는 사람이 초우량 기업에서 찾아낸 성공의 열쇠 세 가지가 있다. 그중 첫 번째는 합리주의가 만병통치약이 아니라는 것이다. 흔히 합리적인 방법으로 알고 있는 분석이나 계획의 수립, 명령과 통제, 구체화 점검과 같은 합리주의 모델보다는 대화와 시험, 실행과 실패, 방향 전환 등과 같은 요소가 성공에 더 중요하게 작용했다. 두 번째는 동기 부여, 세 번째는 조직의 폐쇄성과 개방성, 경제성과 사회적 책임 등 모순적인 사항을 유연하게 관리하는 것이다.

이 중에서 나는 첫 번째 요소로 꼽힌 것을 눈여겨 볼 필요가 있다고 본다. 실제로 100년을 이어간 기업들의 면면을 살펴보면 여러 가지 성공 원인이 있지만, 실패를 두려워하지 않고 도전했다는 공통점이 있다. 실패를 두려워하지 않고 도전하는 힘, 그를 통해 방향을 전환하고 새롭게 수정과 보완을 통해 조직이 유연하게 변화할 수 있도록 하는 게 중요하다고 본다. 그것이 곧 100년 영속 기업으로 가는 키워드가 될 것이라는 믿음이 있기에 지금도 나는 실패를 즐기라는 말을 해주곤 한다.

시대를 앞서간 대담한 도전

어느 기업에나 사업을 지속하는 과정 속에 터닝포인트가 있기 마련이다. Good to Great, 즉 좋은 것에서 위대한 것으로 넘어가게 만드는 포인트가 있는데, LNG 운반선의 LNG Vaporizer를 공급하는 기업이 된 것이 동화엔텍의 정체성을 더 굳건히 하는 새로운 시작이었다고 볼 수 있다.

그 전까지 우리가 만든 열교환기는 공장이나 선박에서 핵심적인 열교환기라고는 볼 수 없었다. 열교환기에 문제가 생기더라도 공장은 돌아가고, 선박은 앞으로 갈 수 있었다. 하지만 LNG Vaporizer가 멈추거나 고장 난다면 LNG 운반선은 망망대해에 그대로 멈추고 만다. 동화는 그 핵심 장비를 공급하는 기술을 가진 기업이 되었다.

동화엔텍의 LNG Vaporizer 시장에서의 최종적인 목표는 LNG FSRU Floating Storage Regasification Unit 선에 들어가는 LNG HP High Pressure Vaporizer였다. LNG FSRU는 부유식 LNG 인수 터미널로 LNG선 상부에 재기화 설비를 설치한 것이 특징인데, HP Vaporizer는 LNG FSRU에 보관된 LNG를 육상으로 이송하기 위해 통상 100Bar 이상의 고압 상태인 LNG를 기화시키는 목적으로 사용하는 열교환기이다. 우연히 세미나에서 들은 HP Vaporizer는 LNG선에 Vaporizer를 납품하는 동화의 입장에서는 다음 단계의 기술이자 제품이었다.

"이 시장으로 어떻게 진입을 하지? 현재의 시장이나 기술은 어느 정도인가?"

"바닷물로 직접 가열하는 방식이 주류를 이루고 있고, 미국의 CPP 사가 이 분야 시장을 거의 독점하고 있습니다."

"특별한 어려움이 보이진 않나?"

"해수 부식으로 튜브와 튜브 시트 부분의 파공이 자주 일어난다고 알려졌습니다."

"그렇다면 우리한테 기회가 있겠군. 그쪽으로 좀 더 적극적으로 연구해 봅시다."

열교환기 제작을 하면서 튜브 용접 방식엔 어느 정도 노하우가 있었기에 시장 진입에 믿음이 생겼다. 기회는 우연찮게 찾아왔다. 2011년 메이저 LNG FSRU 운항선사 중 하나인 미국의 Excelerate Energy

사에 동화엔텍의 획기적인 용접 방식인 In-bore Welding 방식을 소개할 기회가 있었고 설계 방법, 제작 방법, 그리고 Pilot 제품을 몇 차례에 걸쳐 소개하며 우리의 기술을 증명했다. 사실 간단하게 말하긴 했지만, 과거 현대의 정주영 회장이 영국의 한 은행에서 500원 화폐의 거북선을 보여주며 조선업을 할 수 있는 민족임을 어필했듯이 우리 역시 In-bore Welding Mock-Up 상태를 가지고 Excelerate Energy 사의 임원에게 우리가 정말 할 수 있음을 어필했다. 당시 Mock-Up을 들고 갔던 홍성희 전 부회장은 Excelerate Energy 사의 임원에게 이렇게 말했다고 한다.

"우리 한국 사람이 용접만큼은 정말 잘합니다. 동화는 이미 LNGC Vaporizer를 납품하고 있고, 초저온 열교환기에 대한 경험도 풍부합니다. 열 설계 실력이야 이미 데이터로 보여드렸고, 전산 해석, 구조해석 결과도 보셨으니, 우리를 믿고 맡기셔도 됩니다."

그의 배짱 두둑한 발언 덕분인지 얼마 뒤 반가운 소식이 들려왔다. 미국 본사에서 우리의 기술에 매우 관심을 보이며 만나고 싶어 한다는 소식이었다. 그 길로 미국으로 달려가 경영진과 만났다. 이야기를 나누면서 미국 본사는 그간 부품 국산화를 향한 마음으로 달려온 우리 회사를 더욱 신뢰하게 되었고, 우리가 최종적으로 하고자 하는 LNG HP Vaporizer를 공동 개발하기로 합의했다. 나아가 여러 척분의 LNG HP Vaporizer를 발주받아, 우리가 소개한 용접 방식으로 제작하여 공급하기로 했다.

우리로서는 매우 큰 성과였다. 그러나 샴페인을 터트리기엔 너무 일렀다. 수주의 기쁨도 잠시, 심각한 어려움에 맞닥뜨렸다. 납품한 HP Vaporizer에서 Tube 파공 문제가 발생한 것이다.

이미 경쟁사에서 납품한 HP Vaporizer 역시 Tube 파공이 있었고, 우리는 그 문제를 완벽하게 해결하지 못했다. 아무래도 보관과 관리상의 문제 때문인 것으로 보이는 부식이 발생했다. 더 큰 문제는 따로 있었다. 미국 회사 납품 후 일본에서 신규 수주받은 제품 역시 Tube 파공이 염려스러웠다.

"미국 회사도 문제지만 일본으로 납품할 제품도 걱정입니다. 미국과는 공동 개발이지만 일본은 완전 신조 제품을 공급해야 하지 않습니까? 이렇게 문제가 발생하면 엄청난 클레임이 올 텐데요…."

당시 미국에서 LNG HP Vaporizer를 여러 척 발주받기도 했지만, 일본 MOL 사로부터 해수 직접 가열방식의 FSRU용 LNG HP Vaporizer를 수주하기도 했기에 책임이 막중한 상태였다. 특히 일본의 경우 전적으로 우리 책임하에 완벽한 제품을 공급하고 4년의 보증 기간까지도 책임져야 했기에, 납품 후 부식 문제로 클레임이 걸려오면 회사 문을 닫을 정도의 막대한 손해를 입을 수도 있는 상황이었다.

"모두가 전사적인 차원으로 달려들어 문제를 해결해 봅시다."

나라고 불안하지 않을 순 없었지만 대표가 흔들려선 안 되었다.

동화엔텍이 생산 중인 HP Vaporizer는 초저온 열교환기로 LNG를 하역하는 해상인수기지에서 주로 설치, 사용된다.

무조건 할 수 있다, 그동안 우리가 걸어온 전적을 통해 우리는 꼭 해낼 수 있다는 자신감을 북돋는 동시에 거의 매일 담당 기술진들과 소통하며 해결책을 고민했다. 이 문제를 두고 거의 1년간 수많은 부식 관련 문헌과 자료를 조사하는 동시에 다른 한편에서는 다양한 조건하에서 부식 실험을 하며 우리만의 방법을 찾아나갔다.

"드디어 방법을 찾아낸 것 같습니다! 그동안의 기술자료를 바탕으로 매뉴얼을 작성해서 조선소와 선주에게 보내겠습니다."

"수고 많았습니다."

참으로 대장정의 프로젝트였다. 모두가 연합하고 하나가 되어 이 길이 아니면 안 된다는 신념으로 매달린 결과, LNG 고압 열교환기라는 또 하나의 분야를 개척할 수 있었다. 직원들의 땀과 열정으로 개발한 LNG HP Vaporizer는 이후 MOL 사에 공급한 뒤 보증 기간이 지난 시점까지 아무런 문제가 없었고 추가 수주까지 받게 되었다. 이렇게 동화엔텍은 선박용 열교환기에 이어 육상 플랜트 열교환기, 나아가 LNG용 열교환기 분야까지 개척하는 선두 주자로 발돋움할 수 있었다. 이후 LNG FSRU 분야의 세계 시장 점유율은 70%에 육박하게 되었고, 2017년 이 제품 역시 세계 일류 상품으로 선정되었다,

LNG Vaporizer는 기술적 가치와 더불어 동화가 나아가야 할 길을 보여주었다. 2010년대를 넘어서며 글로벌 선박 배기가스 규제가 본격적으로 논의되면서, 선박 연료로서 LNG 사용이 점차 검토되고 시도되었다. LNG를 선박 연료로 사용하기 위해서는 엔진, 연료탱크, 연료탱크에서 엔진으로 가는 연료 공급 시스템까지 모든 것이 바뀌어야 했다. 그동안 한국 조선의 강점이었던 표준화된 선형이 새로운 표준화된 선형으로 변경이 요구되는 시대가 다가온다는 의미였다.

우리는 LNG Vaporizer라는 무기로 LNG 연료탱크에서 가스엔진으로 가는 연료공급시스템LNG Fuel Gas Supply System 개발을 서둘러 시

작했다. 국책 과제를 통한 개발과 자체 R&D 자금을 투입해 기술을 완성했다. 하지만 세상의 변화는 기술의 변화를 따라가지 않았다. 글로벌 선박 배기가스 규제는 각국의 이해관계와 함께 선주, 선사, 조선사의 이해관계가 맞물리며 시행이 계속 연기되었다.

그러자 2010년대 중반 조선 수주 절벽이 현실로 다가왔고, 선제적인 R&D 투자와 사업화를 위한 조직은 오히려 부담이 되기에 이르렀다. 하지만 김동건 대표를 비롯한 경영진은 시대의 변화를 반영한 지혜로운 도전으로 2021년 동화에서 설계하고 제작한 첫 번째 LNG FGSS를 성공적으로 출하하였다.

영국 선주가 발주하고 중국 조선소에서 건조한 중형 LNG Fueled 유조선에 동화엔텍의 LNG FGSS가 성공적으로 장착되고, 시운전을 완료하여 지금까지 성공적인 운항을 하고 있다. 이 선박의 성공적 운항으로 수주가 이어졌고 지금까지도 이어지고 있다. 이는 수주 성과와 함께 열교환기 전문기업으로 시작해서 압축기 사업을 거쳐 시스템 사업으로 성장했음을 의미했다.

기업은 시대를 바라보고 판단하는 눈이 필요하다. 그와 함께 시대적 상황을 판단하여 대담하게 도전하는 일도 중요하다. 동화엔텍의 시대를 앞서간 대담한 도전은 정말 감격스럽고 고마운 일이다.

열은 필요한 곳으로 흘러야 한다.

남은 열이 잘 흘러가기 위해서는

열이 필요한 곳이 어디인지 살펴

막힘없이 흐르고 잘 머무르게 해야 한다.

그 과정에서 변화와 도전은 필수이다.

PART 5

이르다:

The First Mover

Dong Hwa

끊임없는 변화로

열교환기는 무엇인가? 열교환기 기술은 무엇인가? 간혹 스스로 이런 질문을 하곤 한다. 나의 삶이 온전히 묻어 있는 열교환기라는 제품을 통해 삶을 다시 바라보는 나만의 의식이기도 한데, 이 과정을 통해 새로운 아이디어를 얻기도 한다.

열교환기는 필요한 곳에 남는 열을 보내는 것이 핵심 원리이다. 이 말은 열을 필요로 하는 곳이 어디인지 끊임없이 살펴보아야 한다는 의미이기도 하다. 그렇다 보니 부지런히 주위를 둘러보게 되었고, 이는 동화엔텍이 현재의 에너지 기술회사로 발전해 나가는 자양분이 되었다.

열교환기만을 보면 동화엔텍은 전통적인 S&T, Plate Type 열교환기에서 시작하여 초저온, 고압 환경에서 크기마저 작은 열교환기를 생산했다. 바로 PCHEPrinted Circuit Heat Exchanger이다. 이 제품의 기술을 확보하기 위해서는 막대한 시설 자금과 함께 R&D 투자가 필요했다.

2000년대로 넘어오면서 동화는 새로운 열교환기와 관련 사업에 지속적으로 관심을 가졌다. 특히 홍성희 부회장은 앞으로 동화가 열교환기 전문기업으로 글로벌 성장을 이어가기 위해 이 PCHE 열교환기 기술을 확보해야 한다고 강력하게 어필했다. 나 역시 그 부분에는 전적으로 동감했지만 돈 걱정이 먼저 들었던 것도 사실이다. 이에 홍성희 부회장은 무리한 선제적 시설 투자 보다는 R&D를 통한 기반 기술 확보와 해외 선진 기술과의 협력을 먼저 고민했고, 그 어려운 단계를 장기간에 걸쳐 실현했다. 2014년 일본의 K사와 함께 PCHE 제품의 조선 분야 진출을 위한 협약을 성공적으로 이끌어내며, 세계 최초로 MEGI 가스 엔진이 탑재된 LNG 운반선의 BOGBoil Off Gas 재액화 장비를 공급하기에 이르렀다.

물론 당시 재액화 장비의 PCHE는 일본 K사와의 협약을 통해 공급받았지만, 이 과정을 통해 PCHE의 설계, 제작, 검사와 관련된 전반적인 연구를 할 수 있었다.

이와 함께 2014년 World Class 300 기업에 선정되면서 확보한 정부 R&D 자금을 PCHE 개발에 투입할 계획을 수립했다. 김 대표가 막연하게 그려놓은 WC300이라는 동화의 꿈이 백전노장인 홍성희 부회장의 손을 거쳐 동화의 미래로 탈바꿈하는 순간이었다.

하지만 경영자로서 역시나 망설여졌다. 동화엔텍이 설립 35년을 넘어가는 시점이었음에도 이렇게 큰 설비 투자는 해본 적이 없었기 때문이다. 제품을 만들기 위한 하나의 전용 설비에 이렇게 큰 투자를 하는 것에 대해 고민하고 있을 때, 홍성희 부회장은 특유의 어투로 말했다.

"세상이 어떻게 변하고 있습니까? 이런 속도에 발맞추려면 동화는 반드시 Compact 열교환기에 대한 기술을 가지고 있어야 합니다. 아직 이 기술은 전 세계에 몇 군데밖에 없어요. 지금 시작해도 절대 늦지 않습니다. 언제까지 남들 하던 거 따라만 하겠습니까? 우리 후배들도 좀 앞서 나가는 기술을 가질 수 있게 우리가 이 결정을 해야 합니다."

마치 나를 질책하는 듯했다. 사실 2017년 조선 수주 절벽에서도 미래를 생각한다면 이 투자를 했어야 했다. 물론 막대한 투자금이 금방 회수되지 못할 것이라는 전망도 있었다. 그만큼 기술의 난이도가 높고, 글로벌 경쟁을 뚫어야 하는 문제가 쉽지 않다는 보고가 들어왔다. 하지만 장밋빛 전망에 기댄 무리한 시설 투자라는 비난을 감내하며 과감히 투자를 결정했고, 시설 도입과 R&D를 위한 몇 년의 시간이 흘렀다. 다행히 조금씩 성과가 나타나기 시작했고 이 제품이 사용될 수 있는 시장을 발견했다.

"수소 충전소입니다. 수소차의 수소는 700기압으로 충전하고 이 충전 과정에서 수소의 열을 식혀주기 위한 열교환기인 PCHE가 필요하니, 극악의 사용 환경에 진출해 봅시다."

국내 수소 충전소 구축 관련 기업을 방문하여 우리 제품과 기술을 자세하게 설명하고, 각종 시험 결과 지표를 보여주었다. 괜찮은 지표 앞에서 고객들은 반색했지만, 항상 "실적이 없어서 이번에는 힘들겠네요"라는 답이 돌아왔다.

그래도 실망하지 않았다. 노력은 배신하지 않는다는 말을 믿기에 계속 문을 두드려 보자고 독려했다. 그렇게 많은 고객을 만나던 중 우연찮게 일본 쪽 고객을 만나게 되었다. 한국과는 달리 오히려 일본에서는 우리 제품을 실제 수소 환경에서 시험할 수 있는 기회를 주었다. 시험 결과는 놀라웠다. 당시 일본 고객은 일본의 대기업에서 공급하는 열교환기를 사용하고 있었는데, 같은 시험 조건에서 동화의 제품 성능이 더 뛰어나다는 리포트를 보내왔다.

"이제 됐습니다. 우리 제품을 수소 충전소에 넣을 수 있겠습니다."

또 한 번 새로운 시장이 열리며 성과를 냈다. 국내 수소 충전소는 2023년 기준 200기가 조금 넘었는데, 동화의 수소 충전소용 H2 Pre Cooler(수소 예냉기)는 150기 넘게 출하되었다. 이는 국내 수소 충전기 75%에 동화의 제품이 사용되고 있다는 의미였다.

이런 성과로 말이암아 '2021년 수소 모빌리티+쇼 어워드' 행사에서 최우수상을 수상하기도 했다. 당시 수상 발표를 했던 우리 연구원의 말로는 15분간의 발표가 끝난 뒤 평가위원들이 아무 질문도 하지

2022년 H2 Pre Cooler 100기 출하를 기념하는 김동건 대표와 임직원들

않았다고 한다. 발표의 내용, 발표, 기술 수준이 완벽했다는 의미일 것이다.

홍성희 부회장이 뿌려놓은 씨가 다시 한 번 싹을 틔우는 순간이었다. 이 싹은 이제 슬슬 꽃을 피울 준비를 하고 있다. 동화의 PCHE는 이제 LNG 추진 선박용 연료공급시스템의 초고압 Vaporizer로 사용하고 있고, 동화엔텍의 연구원들은 역시나 언젠가 올 고온 열교환기 시대를 준비하면서 이 기술을 다듬는 중이다. 이런 게 바로 First Mover 아닐까? 동화가 First Mover로 한 발 내디딜 수 있도록 경쟁선까지 힘껏 끌고 온 홍성희 부회장을 비롯한 나의 오랜 동료들을 다시금 기억하며 고마움을 전한다.

2021년 수소 모빌리티+쇼는 수소 산업 분야에서 동화엔텍의 이름을 더욱 널리 알리는 계기가 되었다. 이는 그동안 시장을 바라보는 선구안을 갖추고 에너지 회사로서 과감한 혁신을 추진한 결과였다. 2020년 코로나19로 인한 힘든 시기를 겪을 때 동화는 새로운 모습을 선언했다. 열교환기, 압축기라는 유산을 이어받아 '시스템 사업'으로 진화하면서 조선, 플랜트라는 산업 영역을 넘어 '에너지'라는 화두를 던졌다.

그 시기에 맞춰 VISION 2030을 발표했다. 2년의 준비 기간을 거쳐 동화그룹이 나아가야 할 새로운 방향을 제시했고, 친환경 시대를 준비하기 위한 LNG, 암모니아, 수소 등 에너지 변화에 따른 새로운 기술 로드맵을 만들었다. 본격적으로 '에너지 기술회사로서의 성공적 혁신'을 첫 화두로 던진 것이다.

이 시기는 산업 면에서 정말 힘든 시기였다. 일본의 수출 규제로 시작된 산업적 위기는 소재·부품장비 분야 국내 기업을 육성할 기회로 다가왔고, 정부에서는 소부장 으뜸기업으로 5년간 100개 기업을 선정하여 중점 육성했다. 마침 동화의 VISION 2030 선포와 함께 진행한 수소 충전소용 열교환기 개발이 성공을 거두면서 2022년 소부장 으뜸기업으로 선정되었다.

우리는 여기서 더 나아갔다. 당시 우연히 동화의 전시 부스 근처에 수소 압축기를 전시한 작은 업체가 있었는데, 동화뉴텍에서도 선박용 압축기를 생산하고 있었기에 수소 압축기도 할 수 있지 않을까

마린텍 차이나 전시 부스에서 김동건 대표와 임직원들(2024)

하는 막연한 생각에 그 전시 부스를 찾았고 서로 도울 만한 부분을 찾았다.

이를 위해 양영명 사장은 매주 압축기를 전시한 업체를 방문하여 함께 나눌 미래를 상상하고, 보완을 위해 각별한 노력을 다했다. 양 사장은 2005년 동화가 LNG 운반선용 LNG Vaporizer를 개발할 때 한국가스공사 수석연구원이었는데 프로젝트 자문 위원으로 참여하면서 인연을 맺었다. 그 후 가스공사를 퇴임한 후 동화와 한배에 올랐고 우리로선 행운이었다. 그의 혜안이 조선산업의 열교환기라는 우물에서 벗어나 시스템 기술기업으로 나아가는 큰 그림을 그리는 데 커다

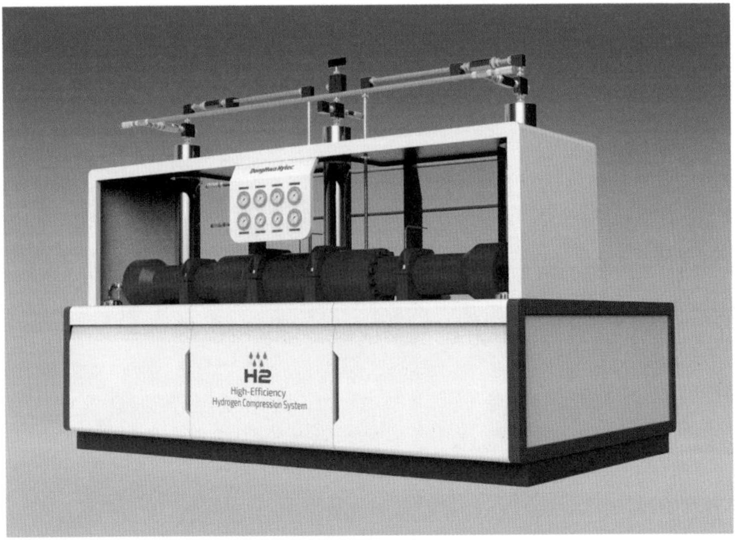

동화하이텍이 개발한 수소 압축기

란 힘이 되었기 때문이다.

이번에도 기술을 간파한 양 사장의 예상은 적중했다. 당시 수소 압축기는 외국 업체의 압축기 Core를 수입하여 국내에서 조립하는 수준이었는데, 그 업체는 아이디어가 있고 우리는 양산화하고 사업화할 수 있는 능력이 있으니 시너지 효과를 기대할 만했다. 수소 충전소의 열교환기로 시장을 열었다면, 압축기로도 시장에 진입할 수 있겠다는 기대감이 들었다. 동화엔텍과 불과 15분 거리에 위치한 그 업체를 찾아가 협업을 제안했다.

"같이 한번 해봅시다."

부산 금정구 수소 충전소에 설치된 동화엔텍의 수소 압축기

'함께'라는 말이 나오고 불과 3개월 만에 Joint Venture로 2023년 3월 (주)동화하이텍이 설립되었다. (주)동화하이텍의 아이디어에 동화의 연구원들의 실력이 합쳐져 수소 압축기 양산화 기술 개발에 돌입했고, 2024년 7월 말 1호기를 출하하여 부산 금정구에 위치한 하이스원 버스 전용 수소 충전소에서 그 성능을 마음껏 뽐내고 있다. 1000bar로 수소를 압축하는 수소 압축기, 압축된 수소를 냉각하는 수소 예냉기, 수소 충전소에 동화의 제품이 하나하나 들어가는 중이다.

선박으로 시작하여 플랜트까지, 열교환기로 시작하여 압축기까지, 이제 이 열교환기와 압축기가 수소에도 들어간다니 엄청난 시장의 확장이다. 게다가 1980년 동화엔텍을 설립한 지 25년 후에 동화뉴텍과 중국법인이 가족이 되었고, 이제 동화의 이름으로 세상에 나아간 기업이 (주)동화하이텍, (주)동화싱가포르까지 확장되고 있으니 이에 더해 동화는 해양엔지니어링 전문 기업인 (주)가스팩, 수소 유통과 수소압축기 구축을 담당하고 있는 (주)하이스원까지 가족으로 맞이하여 기술의 동화, 글로벌 동화를 꿈꾸고 있다.

실패해도 괜찮다. 끊임없이 물어라

나이가 들수록 시간이 빠르게 느껴진다. 나뿐만 아니라 대부분의 사람이 그렇게 느낀다. 하루 24시간 주어진 시간은 같은데, 수십 년 전의 하루와 지금의 하루는 체감하기에 큰 차이가 난다. 아침에 회사로 출근한 뒤 잠깐 볼 일을 봤을 뿐인데 조금 있다 보면 퇴근 시간이 가까워진다. 그럴 때마다 '세월이 유수와 같구나' 생각하곤 한다.

세월을 탓하려는 건 아니다. 사람의 뇌에는 기억이 차곡차곡 저장되어 있는데, 시간이 지날수록 저장된 파일이 많아지다 보니 어떤 정보를 새로 입력할 때 점점 속도가 빨라진다. 어렸을 때는 경험한 것이 그리 많지 않아 새로운 정보가 들어오면 그 내용을 모두 저장해야 하지만, 경험이 쌓이면 새로운 정보에서 경험치를 덜어내고 나머지를 저장하면 되니 빨라진다는 논리다. 그래서 뇌는 나이가 들수록 시간이 빨리 지나간다고 느낀다는 것이다.

그렇다면 어떻게 해야 속도를 조절할 수 있을까? 멈춤이 필요하다. 그것은 바로 질문과 생각을 하는 것이다. 다니던 직장을 나와 처음으로 경영에 뛰어들어 설립했던 종합해사의 후배들이 우리 회사를 방문했을 때, 그동안 엄청난 성장을 이룬 회사를 보며 물었다.

"선배님, 어떻게 기업을 이렇게 발전시킬 수 있었습니까?"

"글쎄요, 굳이 하나의 요인을 꼽자면 끊임없이 도전했기 때문 않을까요?"

"도전을 하려 해도 뭔가 동력이 필요할 텐데요."

"끊임없이 도전한다는 것은 끊임없이 생각을 움직인다는 겁니다. 제 방 이름이 '미래를 생각하는 방'이잖아요? 말 그대롭니다. 끊임없이 생각하고 또 생각합니다. 저는 평생 '왜?'라는 질문을 가장 많이 하고 살았던 것 같아요."

동화를 창업하고 허름한 공장에서 열교환기 개발에 전력을 쏟을 때는 뭐 하나 제대로 된 기반이 없었다. 일본에서 잠시 배웠던 기술이 전부였고, 그마저 한국으로 돌아와 적용하기엔 조건이 맞지 않아 거의 무에서 유를 창조해야 했다. 모든 상황은 열악했고 우리를 뒷받침해 줄 어떤 것도 없었다.

답답한 상황을 지켜보던 이들은 나름 위한다는 마음으로 꼭 부품 국산화를 이루어야 하느냐 묻기도 했다. 하던 대로 수리를 해도 되지 않느냐는 말을 건네기도 했다. 그럴수록 이 일을 시작하게 된 초심을 잊지 않으려 했다.

"왜 우리는 못 만들까?"

이 질문이 허름한 공장의 상황을 꿋꿋이 견디게 해주었고, 열악한 상황에서도 안 되는 원인을 치열하게 찾게끔 했다. 성능이 잘 나오지 않을 땐 직원들과 머리를 맞대고 왜 안 될까 몇 시간씩 토론했다. 처음에는 모두 원인을 짐작할 수 없어 답답했지만 자꾸 이유를 찾다 보면 그간의 과정을 돌아보며 미처 생각하지 못했던 부분이 드러나기도 하고, 새로운 아이디어가 나오기도 했다.

우리가 최초로 열교환기 국산화에 성공할 수 있었던 것은 "왜?"라는 질문을 계속 해온 결과물이라고 자신 있게 말할 수 있나.

"이게 왜 안 될까?"

"이렇게 해서 안 되면 저렇게 해보면 어떨까?"

회의 시간이나 현장에 나가 직원들을 만날 때마다 늘 이런 대화가 오갔다. 선박 관련 개발에만 집중하기보다 사업 포트폴리오를 확장해야 한다는 필요에 의해 육상 플랜트 관련 사업으로 확장했을 때도, 기존 기술이 아닌 새로운 분야로의 도전이었기에 시행착오가 많았다.

새로운 도전은 항상 성공을 담보한 것은 아니었다. LNG 운반선의 Cargo Handling용 LNG Vaporizer를 국산화했다는 소식은 국내 산

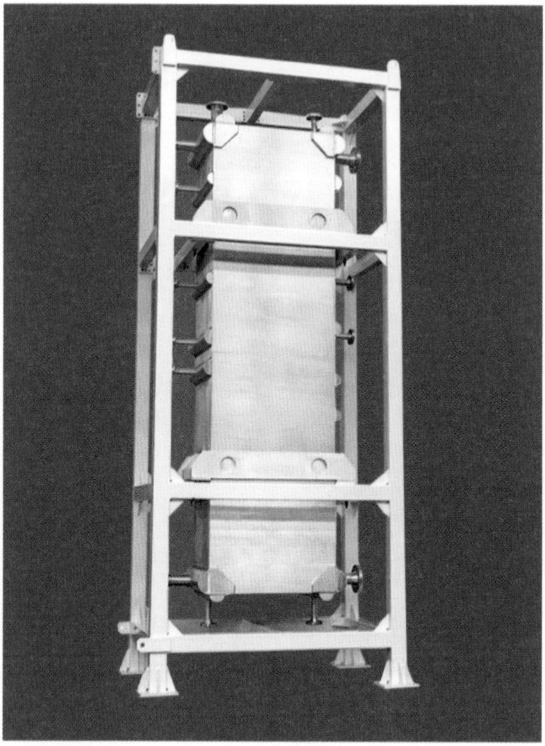

동화엔텍에서 제작한 PFHE는 초저온 유체의 핸들링과 석유화학 공정의 핵심 장비다.

업계에 큰 파장을 일으켰고, LNG를 운반해서 사용하는 국가였던 대한민국이 LNG를 직접 생산하는 기술을 확보하기 위해 대규모 국책사업에 시동을 걸었다.

초저온 열교환기를 경험했던 우리에게도 국책사업 컨소시엄 참여 제안이 있었다. 한국가스공사를 비롯해 굴지의 국내 기업들이 참여한 'LNG 플랜트사업단'에서 동화엔텍은 당당히 초저온 열교환기 분야를 담당하게 되었다. LNG 액화용 열교환기는 PFHEPlate Fin Heat

Exchanger 형태의 열교환기로 동화에게는 새로운 형태의 열교환기였다. 설계 기술도 제작 기술도 없는 상태에서 무모한 도전을 시작했고, 우리 기술연구소와 개발팀은 6년의 시간을 할애해 핵심 기자재인 열교환기를 개발하는 데 성공했다. 가스공사가 프로세스를 개발하고 시운전은 GS건설이 맡아 떨리는 마음으로 6년의 결과물을 지켜봤다.

그런데 예상과 달리 결과는 처참했다. 성능 테스트를 해보니 성능의 30%밖에 나오지 않았다. 개발에 참여한 모두가 허탈한 마음으로 실망스러운 결과물을 받아들고, 각자 성능이 저조한 원인 규명에 나섰다.

"아무래도 열교환기 쪽에 문제가 있는 것 같습니다."

"그래? 그렇다면 우리가 책임을 져야지."

그때부터 회사의 명예를 걸고 성능 저하의 원인을 찾아내는 데 십중했다. 새롭게 시작하는 분야인 만큼 생각보다 진전이 쉽게 이루어지지 않았다.

"요즘 고생이 많지?"

"아닙니다. 잘했어야 하는데, 죄송합니다."

"아니야. 누구보다 성공적으로 해내고 싶어 하는 자네들 마음을 내가 알아. 진전은 좀 있어?"

"제품 제작에 문제가 있었던 것으로 보입니다. 설계도에 따라 제품 제작이 안 된 것 같습니다. 우리 제품에 결함이 있는 것으로 보입니다."

"그래? 왜 그렇게 됐을까? 어쨌든 원인을 찾았다는 건 좋은 징조야. 앞으로도 자금에 대해 너무 신경 쓰지 말고 기술 개발에만 몰두하도록 하게. 우리가 명실상부 열교환기의 선두주자인데 해내야지 않겠어?"

직원들을 독려하고 나오며 한 가지 당부한 것은 끊임없이 질문하고 생각하라는 것이었다. 프로세스에 몰두하다 보면 잠깐 멈춰서서 생각하는 과정이 빠지기 쉽다. 그러다 보면 여러 변수를 감안하지 못해 판단 착오가 나기 마련이다.

LNG를 액화하는 기술 과제는 우리의 기술력으로 만든 냉각기 열교환기가 성능 100%를 자랑하며 가동됨으로써 추후 성공적으로 완료되었다. 원래 6년을 예상했으나 12년에 걸려 완료되었다. 물론 기간이 길어진 데에는 다른 업체의 문제도 있었지만, 우리 쪽의 문제도 있었다. 하지만 10억이 넘는 연구비를 새롭게 투자하며 백방으로 노력한 결과 성능 100%를 수행할 수 있었다는 것에 모두가 놀라워했고, 무엇보다 우리의 기쁨이 되었다.

포기할 수도 있었지만 그러지 않은 이유는 하나다. 한국 표준형 액화 플랜트를 만드는 최초 기술 개발에 참여함으로써 우리만의 LNG 관련 열교환기 기술력을 확보한다는 기술 선점의 목표도 있었지만, 일련의 과정에서 끊임없이 질문하고 생각하는 근력을 키운다면 그것이 앞으로 동화의 100년을 이어갈 힘이 될 것이라 믿었기 때문이다.

결과적으로 동화엔텍은 이 과제를 성공적으로 수행하여 우리만의 기술을 확보하는 동시에 국가의 기술을 업그레이드하였다는 자부심을 갖게 되었다. 물론 동화엔텍이 세계적으로 우수한 실력으로 열교환기 분야를 선점했다는 평가와 기업 이미지 제고도 뒤따랐다.

기업이 계속 성장 발전할 수 있는 힘은 끊임없는 도전이다. 여기가 좋다고 머물러 있을 때 바로 뒤처진다. 그래서 늘 생각이 깨어 있어야 한다. 그 생각을 깨우는 힘은 끊임없이 질문을 하는 것이다.

경영 일선에서 물러난 지 한참이 지난 지금도 연구소의 연구원들과 만나는 것을 즐기는 이유도 연구개발 과제에 대한 토론이 주로 질문하고 함께 답을 찾는 과정으로 이루어지기 때문이다. 당연히 거기서 나오는 의외의 결과물은 빛이 난다.

수십 년간 스스로 경험하고 곁에서 목도한 '끊임없는 물음의 힘'을 너무도 잘 알기에 나는 오늘도 스스로에게, 그리고 만나는 이들에게 질문한다.

Why?

Why Not?

일신우일신

악조 NV와 노벨 인더스트리 AB 회사가 합병하여 탄생한 세계 20대 화학기업 악조노벨AkzoNobel은 370년이 넘는 역사의 글로벌 기업이다. 해마다 전 세계 각 대륙에서 어마어마한 연 매출을 기록하며 세계적인 장수기업으로 이어지고 있는 이유를 많은 이들이 궁금해한다.

첫 번째 이유는 조직과 지배구조가 유연하다는 것이다. 페인트 사업을 주력으로 하는 기업 정체성을 '색을 입히는 것'으로 확장하고, 색을 입히는 모든 산업 분야에 진출하여 유연한 변화를 즐긴 결과가 오늘의 악조노벨을 만들었다고 한다.

"변신을 택할 때는 카멜레온처럼, 변화를 즐길 때는 아티스트처럼 하라"는 악조노벨의 전 CEO 톤 뷔흐너의 말은 370년을 이어오면서 이 기업이 얼마나 변화를 추구하고 지향했는지를 단적으로 보여준다.

100년을 바라보는 동화엔텍 역시 변화를 즐겼으면 한다. 우리는 단순히 열교환기를 개발하는 기업을 넘어 유체역학을 연구하는, 즉 유체를 다루는 기업으로서 흐르기 쉽고 자유롭게 변형되는 열을 능숙히 다루어 산업에 적합하도록 만드는 효율적인 역할을 담당해야 한다. 그러려면 당연히 변화에 능동적으로 대처해야 한다.

다행히 그 가능성을 발견한 것 같다. 2세 경영 체제로 바뀌고 난 뒤 동화엔텍은 내부적, 외부적으로 변화를 선택했다. 그간 알게 모르게 방만했던 조직 체계를 축소했고, 그것이 신의 한 수가 되어 침체기로 빠질 수도 있던 회사를 활력 있게 바꾸었다. 어떻게 보면 회사의 규모가 커질수록 인력 규모도 커질 수밖에 없다는 생각에 제동을 건 것으로, 조직이 컴팩트하게 정비되면서 오히려 업무 환경이 긴장감을 띠고 더욱 협력하는 분위기로 바뀌었다.

회사가 나아가야 할 방향성도 조금 달리 선택했다. 시장의 흐름과 트렌드에 맞게 위와 옆 자유자재로 확장할 수 있도록 통로를 열어놓고 나아갔다. 기업의 규모가 커질수록 어떤 조직은 위로만 커지기도 하고 옆으로만 불어나기도 한다. 우리는 한쪽 방향으로 나아가기보다 다른 방향을 택했다. 바로 하나하나의 기술을 합하여 시스템화하는 것이었다. 이미 열교환기와 압축기 등 모든 분야까지는 아니더라도 웬만한 분야는 커버하고 있기에, 개별 기술을 탄탄히 하되 각각의 기반을 하나로 아우를 수 있는 시스템 개발에 집중한 것이다.

이는 에너지의 근원이 기름에서 가스로 바뀌면서 에너지 시스템에 열교환기가 굉장히 중요한 기능을 하게 되었음을 직접 경험하면서 깨달은 사실이기도 하다. 숱한 경험과 시간의 역사가 앞으로의 시장은 시스템의 시대로 향하고 있음을 알려주었기에 과감하게 방향을 정했다.

하나하나의 부품을 벗어나 오장육부를 지닌 시스템 개발이라는, 차원을 달리하는 변화를 선택한 동화엔텍은 다른 차원으로의 변화를 향해 나아가는 중이다. 물론 어렵다. 시스템은 여러 장치가 유기적으로 움직이는 중심 타워인 만큼 재질이나 정교함에 고차원의 품질이 요구된다. 그럼에도 확장성이 굉장히 넓기에 매력적이다.

100년을 이어가는 기업이 된다는 건 단순히 장수기업이란 타이틀을 얻고자 하는 것이 아니라 상징적인 의미가 있다. 우리나라 기업의 평균 역사가 짧게는 10년 길게는 30년이라고 하는데, 그만큼 조직을 오래 유지하는 게 어렵다는 것을 시사한다. 그 어려움의 근원에는 변하지 않으려는 속성도 있을 것이라 생각한다.

그런 면에서 악조노벨 대표의 변신과 변화에 대한 철학은 본받아야 한다고 생각한다. 어떤 때는 카멜레온처럼 전혀 다른 모습으로 변신하기도 하고, 변화에 대해서는 아티스트처럼 자유롭게 즐길 줄 아는 마음가짐이 중요하다.

동화엔텍이 걸어갈 100년의 시간은 지금과는 차원이 다른 변화와 변신을 요구할 것이다. 그것을 유연하게 받아들이고 즐길 수 있어야 한다. 그래야 삐걱대지 않고 버거워하지 않고 일신우일신하는 조직으로 성장해나갈 수 있을 것이다. 그러길 바란다.

All-mighty:
전사적인 마인드와 전방위적인 조직

2010년 우리 회사 사보인 『동화뉴스레터』에 따뜻한 소식이 올라왔다. 신문부터 시작해 활자 매체를 폭넓게 읽고 있기에 사보도 꼼꼼히 보는 편인데, 그때 마침 보전사업팀의 이야기가 실렸고 글을 읽는 내내 잔잔한 감동을 받았다.

여름이 한창이던 어느 날, 국내 모 선사 감독에게 연락이 왔다. 자사 선박 중에 한 척이 운항하던 중 문제가 생겨 SOS를 친 것이다. 알아보니 Dump Condenser에서 제대로 냉각이 안 되어 생스팀이 보일러 순환수펌프로 인입되었고, 이로 인해 순환수펌프에 펌핑 불량이 왔다. 결국 Economizer에 급수가 제대로 되지 않아 메인 엔진의 RPM을 상승시킬 수 있다고 판단되어 입항 시간이 상당히 지연되었다는 것이다.

“잘못하다간 화주에게 클레임이 걸려와 배상금을 물게 될 수도 있습니다. 그러니 좀 봐주십시오.”

이에 우리 회사 보전사업팀원들이 즉각 출동했다. 짧은 정박 시간 안에 해결해야 했기에 지체 없이 승선하여 덤프 컨덴서를 개방하여 보니, 이미 상당량의 튜브가 막힌 상태였으며 채널 사이드의 튜브시트와 일부 튜브에 과유량이 원인으로 추정되는 부식 현상이 발견되었다.

이에 막힌 튜브와 일부 손상된 튜브를 리튜빙 작업한 후 유량계로 냉각수의 유량을 조사했고, 설계치 보다 30% 이상의 유량이 나타나고 있음을 발견했다.

“유량이 너무 높게 나옵니다. 유량을 조정한 뒤 운항하셔야 할 것 같습니다.”

“정말 고맙습니다. 동화엔텍 아니었으면 아주 큰 낭패를 겪을 뻔했습니다.”

그날 출동한 우리 직원들의 적절한 조치로 선박 운항은 큰 어려움을 겪지 않았고, 화주와도 잘 타협하여 일을 처리할 수 있었다.

보통 선박에서 근무하는 엔지니어들이 잘못 생각하는 게 있다. 모든 선박이 정상적으로 세팅되어 있어 자신은 오퍼레이팅만 제대로 하면 된다는 것이다. 그러나 선박을 건조하는 과정에서 오류는 언제든 발생할 수 있다. 조선소에서 모든 기계 기기 설비를 설치하고 배관하는 과정은 매우 세밀한 작업이라 오류가 나온다. 이번과 같은 덤프 컨덴서 문제도 사실상 선박 건조 과정에서 발생한 문제지만, 신조 후 3년 정도 경과한 시점에서야 심각한 문제가 야기된 상황이었다. 그러니 엔지니어는 오퍼레이팅뿐만 아니라 기계 결함이나 오류에 대처할 수 있는 역량이 필요한데, 그 부분이 좀 약한 것 같다.

어쨌든 보전사업팀의 발 빠른 대처, 무엇보다 제품의 문제 해결뿐 아니라 선박의 시스템을 완벽히 이해하는 기본적인 실력 덕분에 고객에게 최상의 서비스를 해주었다.

이 에피소드에 대한 글이 뉴스레터에 실린 것을 읽고 참 흐뭇했다. 단순히 우리가 좋은 평가를 받고 위기를 넘겨서가 아니다. 우리 직원들이 과연 전방위적인 조직이 되어가고 있음을 보았기 때문이다.

산업화의 바람을 타고 분업화가 이루어지면서 조직은 세분화가 되었다. 큰 그림의 작은 퍼즐 조각으로 자신의 맡은 역할만 잘 해내면 된다는 마인드가 자리 잡은 것이다. 하지만 시대는 변한다. 사회적 흐름과 필요에 따라 요구되는 바가 달라지고, 2030년을 향해가는 지금의 기업 문화는 오히려 전방위적인 마인드를 요구하고 있다고 본다.

전방위적 마인드라 해서 A부터 Z까지 알고 처리해야 한다는 것은 아니다. 적어도 회사가 나아가는 방향, 지향하는 비전을 알고 일의 흐름을 파악하려는 마음이 있었으면 좋겠다. 이것을 내 식으로 바꿔 말하면 '주인의식' 이라고 할 수 있을 것이다.

창업 초기 나와 함께 업에 종사했던 이들은 회사의 일이 곧 자신의 일이라는 생각으로 회사 일에 몰두했다. 물론 지금도 아니라고 말할 수는 없지만 솔직히 그때는 그런 마인드가 더 강했다. 누가 그러라고 한 것도 아닌데 스스로 할 일을 찾고 내 일 네 일 구분 없이 도우며 함께 성과를 이루어냈다. 주인의식이라는 멋진 말은 몰랐을지 몰라도, 그저 회사의 성과를 위해 모든 영역에 관여하고 알고 보탬을 주었기에 회사가 빠르게 성장할 수 있었다고 믿는다.

아무리 시대가 바뀌었다고 해도 전체를 바라보는 주인의식의 위력은 크다. 전방위적 마인드를 가지고 전체를 바라보는 시야를 갖출 때 속도감 있게 일을 처리할 수 있고 효율적인 경영이 가능하다.

얼마 전 계열사 대표를 우연히 만나게 되었다. 나와 함께 일하며 현업에서 뛰었던 그도 나이 지긋한, 은퇴를 앞둔 시기가 됐다며 시원섭섭한 웃음을 지었다. 그 마음을 누구보다 잘 알기에 그동안의 수고를 칭찬하며 물었다.

"앞으로 회사 관리에 대해서도 생각해둔 게 있나?"

"있습니다. 지금까지는 제가 대표로 있었으니까 그만둘 때까지 제가 관리하고, 그다음부터는 부서장들에게 맡길 겁니다. 이제부턴 모두가 사장입니다."

큰 감동이 몰려왔다. 모두가 주인인 회사, 모두가 사장인 회사를 꿈꿔왔던 나의 시작이 어느덧 나와 삶을 같이했던 동료들의 마음속에도 조금씩 스며 있었다. 이러한 진심이 사원 모두에게 전달되고 앞으로도 좋은 회사로 성장해나갈 것으로 믿으며, 또 그러길 바란다.

영어에 '올마이티Almighty'란 단어가 있다. '전능한'이란 뜻이다. 회사가 한창 성장일로를 걷고 있을 때 나는 '올마이티' 한 존재로 불리기도 했다. 마음의 여유를 갖기보다 성과를 내려는 욕심 때문에 추진력 있게 일을 진행하다 보니 그런 표현을 붙인 것 같다. 변명을 하자면, 일에 대해 100% 진심이었기에 자연스럽게 그리 되었던 것이다. 하지만 시간이 지나면서 구성원들 하나하나가 협력하고 각각 힘을 발휘해야 함을 알았다. 모두가 주인인, 그러니까 모두(All)가 강한(mighty) 조직이 되어야 지속 가능한, 100년을 이어가는 조직이 된다는 것을 느낀 것이다.

나는 동화엔텍이 100년을 이어가는 기업이 되기 위해 전방위적인 조직으로 거듭나길 바란다. 적어도 자신의 분야에서 주인이라는 주인의식을 가지고 전체적인 흐름을 짚으며 자신의 일을 해나가는 조직, 그렇게 될 때 결코 조직은 흩어지지 않는다.

배움 경영

어릴 적부터 나는 공부를 좋아했던 것 같다. 학교에 보내주지 않는다고 부모님께 떼를 써서 기어코 학교에 입학했던 때부터 시작한 공부를 지금까지 하고 있으니, 좋아하는 게 맞는 듯싶다. 평소 책을 읽고 뭔가 연구하는 모습을 보며 "회장님, 일도 힘드신데 공부하시는 거 안 힘드십니까?" 하는 말을 들을 때마다 별로 공감할 수 없는 걸 보면 말이다.

그렇다고 해양대로 진학하지 않고 학문을 연구하는 길로 갔으면 어땠을까 하는 아쉬움을 갖고 있지는 않다. 왜냐하면 여태껏 현장을 다니며 일할 수 있고 틈틈이 공부할 수 있으니 이것이 바로 일석이조란 생각이 들기 때문이다.

물론 사회생활을 바쁘게 할 때는 일에 치여 공부할 틈이 별로 없었지만, 뭔가 배우는 것을 쉰 적은 없었던 것 같다. 종합해사에서 일하며 바다에서 생활하고 육지에서 근무할 때도 새벽 시간에 짬을 내어 영어 공부를 하러 다녔고, 기술 동향을 알기 위해 교육 과정을 밟는 등 손에서 책을 놓지 않았다.

동화엔텍을 설립한 후부터는 경영자로서의 역할이 우선이었기에 이 부분에 중점을 두고 배우는 데 집중했다. 경영자 과정을 공부할 수 있는 곳이면 주저 없이 찾아갔다. 경영 분야에서는 신입생이었기에, 초심으로 돌아가 경영이 무엇이고 국내외 훌륭한 경영자들은 기업을 어떻게 일구어 나갔는지 배우면서 역시 세상은 넓고 배울 것은 많다는 것을 느꼈다. 부산대학교 최고경영자 과정을 다니며 공부했던 시간은 경영자로서 첫발을 내딛는 나에게 큰 용기와 격려가 되었다.

그 뒤로도 기업을 경영하는 가운데 CEO를 위한 세미나, 관련 분야의 학회 등이 열리는 곳이면 최대한 참석하여 귀동냥으로나마 공부를 이어갔다.

그러던 중 한번은 대기업에서 주관하는 조선 분야의 기술 동향과 미래 방향에 대한 세미나에 참석하게 되었다. 기업은 업계의 동향을 살피고 앞서가는 전략을 세우며 나아가야 하기에 CEO로서 앞으로의 방향을 정하는 일은 매우 중요하다. 그러려면 동향을 파악하는 게 우선이기에 이런 세미나는 큰 도움이 된다. 우리 기업이 속한 분야라 열

일을 제쳐두고 세미나에 참석해 보니, 과연 배움의 열기가 뜨거웠다. 나이와 직급을 초월해 모인 이들이 조선업 분야의 앞으로의 동향에 대한 강의를 귀 기울여 들었다.

"최근 천연가스 연료에 대한 전 세계적인 관심도가 높아지는 추세입니다. 앞으로 조선 분야에서도 LNG선에 대한 수요가 커질 수밖에 없는 상황입니다."

이 강의를 듣는데, '이거다!' 하는 느낌이 왔다. 이미 선박 열교환기 개발 분야에서 우리의 기술이 인정받고 있지만, 계속 새로운 분야를 개척해야 우리로서는 LNG선이란 블루오션을 잡아야 했다.

다음 날 회사로 출근한 나는 임원들과의 회의에서 강의 내용을 공유했고, 기술연구팀과도 관련 내용에 대해 토론을 이어갔다. 우리 기술진 역시 세계적인 추세가 어떻게 변해가며 그 속에서 조선업은 어떤 방향으로 바뀌어가고 있는지 지켜보며 계획을 세우고 있었던지라, 구체적인 계획을 세워 LNG 사업 분야로 추진을 할 수 있었다.

그 후로도 나는 세미나가 열린다는 소식이 들리면 참석하려고 노력했다. 배우면 그만큼 얻는 게 있다는 확신이 있었기에 극성스럽게 다녔던 것 같다. 덕분에 귀가 열렸고, 경영일선에서 가장 힘들었던 인재 관리 면의 난제도 어느 정도 해결할 수 있었다. 세미나에 참석하는 분들 중에는 중소기업 CEO가 많았기에, 그들과 이야기를 나누며 고민을 털어놓다 보면 그 과정에서 해답을 얻곤 했다.

세미나 중에 질문도 즐겨 했다. 평소에는 이야기를 많이 듣는 편이지만 강사들의 강의를 듣다 보면 궁금한 점이 생겨 질문을 하곤 했는데, 그것이 단초가 되어 토론의 장이 펼쳐지기도 하고 생각거리를 남겨두기도 했다. 덕분에 오래, 깊게 생각하는 습관이 생겼고 이것은 숙고를 거듭하며 결정하는 데 영향을 미쳤다고 느낀다.

워낙 공부하는 것을 즐겨, 대외적인 모임에 나가야 할 때도 친목 위주의 모임은 지양했다. 하지만 프로그램 내에 배움의 과정이 있고 새로운 경험을 할 수 있는 내용이 있다면 적극적으로 참석했다.

한번은 중소기업진흥공단에서 성공한 중견기업 CEO를 선정해 월간 잡지 표지 모델로 싣는데, 내가 발탁되었다는 소식과 함께 주최 측으로부터 한 가지 제안을 받았다.

"회장님, 이번에 발탁된 CEO분들과 모임을 결성하려고 합니다. 다들 기업을 경영하시는 분이니 좋으실 것 같은데, 회장님 의견은 어떠신지요?"

"글쎄요, 그냥 친목 모임보다는 뭔가 배울 수 있는 모임이라면 훨씬 더 좋지 않을까요?"

"그렇지 않아도 새로운 것을 경험하고 도전할 수 있는 프로그램을 넣어서 모임을 해볼 생각입니다."

"그거 좋은 생각입니다. 그렇다면 저는 적극 참석하겠습니다."

60대 CEO가 주축이 되는 모임에 가장 연장자로 참석하게 된 나였지만, 고맙게도 다들 멘토로 따라주었다. 무엇보다 모임마다 새로운 경험을 할 수 있게 되어 기쁜 마음으로 참석했다.

"이번엔 서울에서 모임을 갖도록 하겠습니다. 서울에서 새롭게 떠오르는 길을 걸어보며 어떤 콘셉트로 디자인되었는지 느껴보고 이야기를 나누고자 합니다."

"알겠습니다. 시간 맞춰 가겠습니다."

부산에서 서울로 올라가 거리를 걷는다는 것이 쉬운 일은 아니지만, 새로운 도전이요 경험을 할 수 있다는 즐거움은 나를 움직이게 만들었다. 별 이변이 없는 한 가장 먼저 도착하는 것이 원칙 아닌 원칙이었으니 아마 그때도 그랬을 것이다.

오랜만에 걸어본 서울의 거리는 매우 활기찼다. 특히 알록달록 꾸민 거리들, 공장을 리노베이션해서 새롭게 탄생한 성수동 거리 등을 걸어보며 어떻게 이런 거리를 디자인할 수 있었는지 개발자의 마음을 되짚어보는 재미가 있었다.

"회장님, 걷기 힘들진 않으십니까?"

"아닙니다, 전혀 힘들지 않아요. 오히려 새로운 영감을 얻을 수 있어서 좋습니다."

"하하, 김강희 회장님이 여기서 가장 고령자이신데 걸음이 제일 활기차시고 가장 지치지 않으시는 것 같습니다."

서로 격려도 하며 서울의 거리를 공부했던 좋은 기억이 있다. 거리를 직접 보고 걸어봄으로써 이러한 트렌드가 왜 생겨났는지, 과연 기술에는 어떤 트렌드가 있을지 확장하여 공부하는 계기가 되었다.

뿐만 아니라 일본의 와카야마라는 고야산 순례길을 갈 때도 새로운 도전이란 생각에 과감히 결단했다. 자랑은 아니지만, 일행 중 유일하게 끝까지 완보했다. 마지막 지점까지 가서 만세를 하는 사진을 볼 때마다 80대에 도전한 새로운 경험을 기뻐한다.

이렇듯 배움의 기회를 통해 도전을 경험하면서, 경영자로서 나의 발전에만 국한할 것이 아니라 더 많은 이들이 좋은 영향을 주고받았으면 하는 바람으로 이어졌다.

한 발 한 발 앞서 나가야 하는 기업의 현장에서 배움은 큰 발판이 된다. 흔한 말로 가만히 있으면 중간이라도 간다고들 하지만, 기업은 가만히 있으면 영원히 후퇴한다. 그렇기에 날마다 깨어 있어야 하고, 그것은 배움의 통로를 열어준다.

그런 까닭에 동화엔텍 직원들을 위한 교육과 훈련, 배움의 장을 넓게 열어놓았다. 그저 그런 교육, 의무적으로 받는 교육을 넘어 정말 실무에 필요한 배움의 장을 경험하도록 하는 게 바람이었기에 가능한 한 의미 있는 교육이 되도록 신경 썼다.

그와 함께 지식 나눔을 통한 독서 경영을 실천하여, 책을 통한 간접 경험을 권했다. 전 직원 독서교육을 시작하여, 매월 한 권의 책을 읽으며 직무 역량을 강화하는 동시에 다양한 분야의 간접 경험을 얻도록 했다. 현장에만 익숙한 직원들은 처음엔 어렵게 생각했지만, 그들과 만나 계속 독려하고 메시지를 통해 책 내용을 공유하는 노력을 이어가니 점차 동화엔텍의 문화로 자리를 잡았다.

2005년부터 시작한 독서 교육은 직원들의 역량 강화 외에도 자신이 읽은 도서를 기증하는 것으로 이어져, 매월 부산 시민에게 무료로 도서 100권을 배포할 수 있었다. 배움에 대한 열정은 자신의 분야에 대한 내공을 강화할 뿐만 아니라 선한 영향력도 발휘할 수 있다는 것을 몸소 체험한 직원들이 이제는 나의 본심을 이해해주는 듯하다. 지금도 나는 만나는 임직원들에게 본의 아니게 잔소리를 하곤 한다.

"이봐, 요즘은 어떤 공부를 하고 있나?"

"아, 글쎄 그게…."

"나는 요즘 드라마 보면서 옛날의 군주가 어떻게 나라를 다스렸는지 살펴보는 재미에 빠져 있어."

"아, 그렇습니까? 회장님, 드라마 보면서도 공부가 됩니까?"

"당연하지. 꼭 학교 가서 배워야만 배우는 게 아니지. 다양한 경험을 통해 배울 게 있다면 그게 배움이지. 뭐 별거 있나?"

"그렇군요. 몰랐습니다."

"그래, 시간 되면 이번에 기업 강의가 하나 있던데 한번 들어봐."

못 말리는 배움을 향한 열정이라고 하지만 별로 멈출 생각이 없다. 기업은 끊임없이 배워야 한다.

자율 경영

철강업 분야에서 오랫동안 기업을 일궈오신 창업주와 대화할 기회가 있었다. 그분 역시 거의 아무것도 없는 상태에서 기업을 일으켰기에 회사에 대한 애착과 자부심이 엄청났고, 서로 같은 시대를 공유했다는 공감대로 속 깊은 이야기를 나누었다. 지금은 대표 자리에서 물러난 상황이기에 허심탄회하게 마음을 털어놓을 수 있었는데, 그분이 이런 말씀을 하셨다.

"솔직히 예전에 비해 지금은 업무 환경이 좋아졌잖아요. 예전엔 일일이 수기로 작성하던 것이 다 전산화가 되고, 공장도 그렇고요."

"그건 맞습니다. 우리 때는 온몸으로 고생을 했던 것 같아요."

"그런데 회장님, 솔직히 저는 전산화되고 난 뒤에 마음이 안 놓이

더라고요. 뭐든 눈으로 확인해야 마음이 놓이는데 그런 게 안 되니 답답하기도 하고, 뭔가 통제가 되지 않는 것 같기도 하고 좀 그랬어요. 요즘 사람들은 이런 말 들으면 기겁을 하겠지만요. 하하."

그러고 보니 우리 세대는 자율이라는 말에 인색했다는 생각이 든다. 규율과 제재라는 말이 더 익숙하고, 산업이 폭발적으로 성장해야 하는 시기였기에 자유보다는 규율, 여유보다는 제제라는 말로 채찍질을 했는지도 모른다.

하지만 시대는 놀라운 속도로 변해간다. 그 속에서 산업의 기술도 환경도 변해가고, 사람의 생각도 변해간다. 이 변화 속도에 맞추지 않으면 도태된다.

동화엔텍을 경영하면서 이러한 생각은 바로 현장에 적용되었다. 사실 회사 내에서 자율이라는 말을 사용한 지는 거의 30년이 된 것 같다. 남들보다 빠르게 자율 개념을 경영에 도입한 것은 소위 '관리'라는 것에는 한계가 있다는 걸 좀 일찍 깨달았기 때문이다.

사람의 자유의지가 지닌 힘은 의외로 크다. 물론 우리도 평가제도를 끊임없이 연구하고 개발했으나, 임직원 개개인의 역량을 구체적으로 설정하지 못하는 등 평가제도의 비체계성으로 인해 인사 고과나 여타 근무 환경에 미치는 실효성이 크지 못했다.

하지만 2000년대 들어서면서 자율 경영에 대한 확고한 의지를 표명했고, 그 첫 단계로 자율 근무제를 실시했다. 근무 현장에 있어 보니 정해진 출퇴근 시간으로 인한 문제들이 보였다. 억지로 근무 시간을 채우려는 경우부터 편법을 사용해 업무 고과를 채우는 등 현장의 여러 문제점에 관한 이야기가 들려왔고, 실제로 경험하면서 과감히 결단을 내렸다.

"이제부터 우리는 자율 근무제를 실시합니다. 자율적인 근무 환경을 통해 스스로 동화의 주인임을 깨닫기를 바랄 뿐입니다."

어찌 보면 파격적인 선언이었고, 알 수 없는 직원들의 표정 속엔 미묘한 긴장감이 흘렀다. 나 역시 어떤 변화가 생길지 기대 반 설렘 반으로 상황을 지켜보는데, 결과는 정말 놀라웠다. 오히려 자유로운 분위기 속에서 스스로 규칙과 질서를 지켜나가는 모습을 보여준 것이다.

"회장님, 지금 출근하십니까?"

"오 그래. 자네는 좀 일찍 왔네?"

"아침에 차가 너무 막혀서요. 좀 일찍 오는 게 낫더라고요. 좀 일찍 와서 일찍 나가는 게 훨씬 업무 효율도 높아지는 것 같습니다."

자율적인 출퇴근을 보장해준 회사에 대한 다양한 피드백이 오갔다. 이와 함께 신인사제도를 실시하여 전 임직원이 참여하는 평가제도를 도입하고 교육 훈련을 극대화하는 등 새로이 인력을 관리하고 자율적으로 경영에 참여할 수 있도록 독려했다.

보수적인 분위기 속에서는 의견을 나눌 수 없음을 알기에, 가능한 한 자유로운 분위기를 만들기 위해 팀 체제로 프로젝트를 운영하며 소통할 수 있도록 하고 대표와도 의사소통할 수 있는 창구를 마련했다.

이에 부합하도록 회장실의 이름도 '미래를 생각하는 방'으로 바꾸는 등, 딱딱한 분위기를 없애고 직원들 스스로 자율성을 가지고 회사 업무에 임할 수 있도록 애를 썼다. 또한 인사 고과에 민감한 만큼 규정을 공개하고 투명성을 유지하도록 했다. 전체적인 평가 시스템을 누구나 인정할 수 있도록 기준을 만들고 절대적, 상대적 평가에서 그 기준에 부합하지 않을 때는 진급할 수 없도록 했다. 자신이 부당한 대우를 받고 있다고 생각될 때, 또는 열심히 일했는데 그만큼 보상이 따라주지 않을 때 업무 효율은 떨어진다. 이를 알기에 모두가 수긍할 수 있는 신인사제도를 마련하여 효과를 거두었다.

파격적으로 시기를 앞당겨 직원들에게 성과급을 지급하여 깜짝 기쁨을 선물하기도 했다. 전산상 그때그때 손익이 나타나기 때문에 그것에 의해 즉시 성과급을 지급하니 직원들이 정말 좋아하며 사기도 진작되었다. 이 역시도 기존의 틀을 벗어난 경영의 자율성이라고 생각한다.

동화엔텍의 자율 경영 의지는 해를 거듭하며 무르익었다. 지속 가능한 기업으로 성장하는 것은 CEO의 의지만으로는 되지 않는다. 모두가 주인의식을 가지고 경영에 임해야 하기에, 전 직원을 향한 메시지에 자율 경영 철학을 계속 전달했다.

'우리 회사 경영의 중심 지주는 자율 경영입니다.

저는 평소에 지속 가능한 기업을 만드는 것이 소망이고 그런 기업만이 100년 기업, 아니 1000년 기업이 될 수 있다고 확신하며 어떻게 해야 그 목적을 이룰 수 있을까 한시도 생각하지 않은 적이 없습니다.

일찍이 자율 경영만이 이에 대한 해답이라는 결론을 얻고, 그런 조직을 구축해보려고 노심초사하고 있습니다.

자율 경영이란 각자가 자기 자신을 경영한다는 의미입니다. 쉬운 것 같지만, 인간은 각기 약점이 있기에 안 되면 구실을 찾게 되고 자기 합리화를 통해 자신을 보호하려고 합니다. 그래서 자율 경영은 어렵습니다.

그렇기에 제도적 규제가 필요하고, 자율 경영이 방임으로 치우치는 타성을 막기 위한 장치가 불가피해집니다. 이 장치가 규제가 아닌 조직의 활성화로 이어져야만 효율적인 조직으로 발전하게 될 것입니다.'

그래서일까, 동화엔텍의 직원들에게는 자율이라는 키워드가 굳게 박혀 있는 듯하다.

한번은 지사 공단 뒷산에 산불이 난 적이 있다. 꽤 큰불이라 많은 소방 헬기와 공무원이 동원되어 진화 작업을 시작했다. 그런데 때마침 불어온 강풍으로 진화는커녕 불은 더 번졌다. 주변을 검은 연기가 뒤덮고 인근에 있던 우리 회사의 연구센터까지도 위험할 수 있는 상황이었다. 거리상으로 큰 문제는 없어 보였지만, 그럼에도 안심할 수는 없었다.

나는 연구센터에서 상황을 좀 지켜보기로 했는데, 이미 퇴근 시간이 지났음에도 직원 두 사람이 보였다. 실험을 진행하고 있던 연구원과 경비 직원이었다.

"아니, 자네들 왜 아직 퇴근을 안 했어? 업무가 안 끝난 거야?"

"그게 아니라 불길이 아직 잡히지 않은 것 같아서요."

"아냐. 필요하면 내가 더 추이를 지켜볼 테니 어서 가봐."

"아닙니다. 혹시라도 바람에 불똥이 넘어올 수도 있으니 저희가 있겠습니다. 저희 연구센터잖습니까."

어찌나 완강히 버티는지 그 열의에 이기지 못하고 돌아섰다. 행복감이 밀려왔다. '아, 자신의 연구센터라고 생각하는구나. 그런 주인의식이 있구나. 됐다!' 하는 생각에 불에 대한 염려는 잠시 미뤄두고 기쁘게 발걸음을 돌린 기억이 있다.

누가 시키지 않아도 마음에서 우러나오는 그 자율성이 회사를 지속시키는 힘이라고 믿는다. 조직이 권위적이면 발전할 수 없다. 다행히 지금까지도 자율적인 분위기가 이어지고 있으니, 모쪼록 그 자율성을 계승하며 백 년을 이어갔으면 좋겠다.

나오는 말

나는 매일 집으로 출근한다

나는 두 집 살림 중이다. 무슨 말인가 하면, 가족이 함께 사는 곳도 집이지만 평생을 바쳐 일했던 일터 역시 집이라는 뜻이다. 그러니 집으로 출근하고 또 집으로 퇴근하는, 두 집 살림 중인 것이다.

요즘은 집에서 집으로 가는 방법도 도보로 바꾸었다. 아흔이 넘어 도보로 다니겠다고 하니 주변에서 난리가 났다. 고령에 넘어지기라도 하면 큰일이 난다며 겁주는 반응이 가장 많다. 그럼에도 고집을 부렸다. 대신 아무것도 들고 다니지 않고 3, 40분 걷는 동안 쉬엄쉬엄 가겠노라 약속을 하고 걷기를 시작했다.

물론 수십 년 동안 새벽에 일어나 아침 운동을 하며 건강 관리를 했지만, 아침에 하는 운동과 퇴근 때 걷기는 서로 다른 멋이 있다. 석

양이 지는 노을을 등 뒤로 하고 걸으며 자연과 함께한다는 기분, 하루의 일과를 마친 뒤에 느껴지는 피곤하지만 뿌듯한 느낌을 즐기다 보면 어느새 집 앞에 도착하곤 한다.

"회장님, 힘들지 않으십니까? 좀 쉬셔도 되는데…."

요즘 만나는 이들에게 가장 많이 듣는 말인데, 종종 불편하게 느껴질 때가 있다. 나로서는 일터에 나오는 것과 걷는 것이 가장 좋은데, 오히려 사람들은 일정한 틀에서 나를 판단하는 것 같기 때문이다.

그렇다고 그들의 진심을 곡해할 수는 없는 일, 내가 할 수 있는 가장 좋은 방어는 내 생이 다하는 한 열심히 최선을 다해 사는 것이다. 저 나이에도 저렇게 살 수 있다는 것을 보여줌으로써 그들에게 뭔가 도전의 실마리를 주고 싶다.

오늘도 나는 새벽에 일어나 평소처럼 운동을 하고 식사를 한 뒤 아내와 인사를 나누고 출근한다. 또다시 집으로 온 것이다. 나의 방, 미래를 생각하는 방문을 열고 들어가 우리 기업이 어떻게 하면 더 나은 방향으로 나아가고 더 좋은 기업으로 향기를 남길 수 있을지 고민하고 생각한다.

한자성어 중에 날은 저물고 갈 길은 멀다는 의미의 일모도원(日暮途遠)이라는 말이 있다. 한 해 한 해 나이가 들수록 일모도원의 심정이 들곤 하지만, 그러한 생각에 머물 생각은 없다. 여전히 나는 희망을 생각한다.

40여 년 전 회사를 설립하면서 '동화'라고 이름 지은 이유가 있다. 나는 동쪽이 참 좋았다. 하루를 시작하는 해가 떠오르는 곳, 왠지 동쪽을 바라보면 새 희망이 떠오를 것 같은 생각에 가슴이 설레곤 했다. 그래서 희망이 떠오르는 동녘을 뜻하는 '동(東)' 자에 화목할 '화(和)' 자를 써서 이름을 지었다. 희망을 바라보며 사람 그리고 사회와 화목함을 이루는 기업을 일구고 싶다는 바람을 담았다. 그 바람이 어느 정도 실현되었는지는 후대가 평가할 것이기에, 나는 지금 처한 상황에서 찾을 수 있는 희망을 생각한다.

어제보다 오늘이 더 나을 수 있다는 희망!

사람이 힘이라는 희망!

최선을 다한 오늘이 쌓여 100년 기업을 이룰 수 있다는 희망!

이러한 희망을 꿈꾸며, 희망을 말하며, 희망을 나누는 시간을 보낸 뒤 또 다른 집으로 출근한다.

매일 두 집 살림을 하며 집과 집으로 가는 나의 길은 늘 즐겁다.

부록

임직원들에게 전하는 메시지

100년 기업의 초석을 다지는 자율 경영으로

모두가 한 방향으로 하나 되면 기적을 만든다

매사에 제대로 하는 기업, 동화 백년기업

재미있는 일터가 된다면?

사랑하는 직원에게 보내는 메시지

동화 30주년에 부치는 서사시 · 이효례

회고록 발간을 축하하며 · 손동운

동화엔텍 주요 연표

100년 기업의 초석을 다지는 자율 경영으로

2010년 11월 25일

100년 기업의 초석을 다지는 원년으로 한 해를 준비하면서 새로운 각오로 조직 개편을 발표하며 한 자 적습니다.

잘 알고 있듯 우리 회사 경영의 중심적 지주는 자율 경영입니다.

저는 평소에 지속 가능한 기업을 만드는 것이 소망이고 그런 기업만이 100년 기업, 아니 1000년 기업이 될 수 있다고 확신하며, 어떻게 해야 그 목적을 이룰 수 있을까 한시도 잊어본 적이 없습니다.

그 결과 일찍이 자율 경영만이 이에 대한 해답이란 결론을 얻고, 그런 조직을 구축해보려고 노심초사하고 있습니다.

그러나 자율 경영이 말과 같이 쉬운 이상이 아니며, 잘못하면 말만으로 그칠 수 있다는 두려움마저 느낍니다. 그렇다고 포기하기엔 다른 대안이 없다고 생각하기에, 끝까지 이 이상을 관철해나갈 뿐입니다.

자율 경영이란 각자가 자기 자신을 경영한다는 의미로, 흔히 쉽게들 생각합니다. 하지만 사람은 각기 약점이 있어서 안 되면 구실을 찾게 되고 자기합리화를 통해 자기 보호의 성향을 띠므로 자율 경영을 어렵게 만듭니다. 그래서 제도적 규제의 필요성이 생겨나고, 방임으로 치우치는 타성을 방지할 장치가 불가피해지는 것입니다.

우리는 누구나 이러한 규제에서 자유로울 수 없기에, 이 장치가 규제가 아닌 조직의 활성화로 이어질 때 비로소 효율적인 조직으로 발전할 수 있습니다.

이번 조직 개편은 과거와 별로 달라진 것이 없다는 평가도 있을 수 있지만, 아직 완성품이 아니며 우리의 체질에 맞는 조직을 시도해보는 첫 단추라고 평가하면 될 것입니다. 앞으로 필요하다면 언제든 쉽게, 마치 전쟁터에서 상황에 따라 전투 편제를 유연하게 편성하듯 우리에게 가장 적합한 풍토를 만들어가고자 합니다. 그 중심에 있는 자율 경영을 기본으로 각자가 맡은 책임을 다하고 권한을 발휘할 수 있도록 업무 분장을 조정하여 한 단계 도약하는 계기로 삼을 것입니다.

하늘도 스스로 돕는 자를 돕는다는 말이 우리 조직 구석구석에 스며들어 100년 기업의 꿈을 이루게 되기를 간절히 기원합니다.

모두가 한 방향으로 하나 되면 기적을 만든다

2011년 9월 20일

그동안 여러분이 보여준 회사 사랑을 그대로 묻어두고 가기에는 여러분의 뜨거운 열정이 여기저기서 들리고 느껴지기에, 고마움과 함께 인사를 드릴 겸 메일을 띄웁니다.

지난달 미국 출장을 떠나기 전 플랜트사업부에 걸린 공사들이 제대로 납기를 맞출 수 있을지, 작업 여건상 도저히 고객과의 납기 준수가 거의 불가능할 것이란 우려가 있었던 것으로 압니다.

그런데 출장에서 돌아오는 차 안에서 너나 할 것 없이 전 사원이 하나가 되어 작업을 도와 가능성을 찾았다는 이야기를 들었습니다.

연휴가 끼어 무척 힘들 것이라는 우려도 있었지만, 마침내 컨덴서의 IRC를 받기에 이르렀다는 보고와 함께 작업 공간이 부족해서 동화기연에서 작업을 진행했던 프로젝트도 악조건을 극복하고 납기를 지킬 가능성이 생겼다는 보고를 받았습니다.

이와 같은 일련의 극한 상황에서, 불가능할 것이라는 초기의 예상을 뒤엎고 가능할 수 있게 만드는 힘은 어디서 나왔을까 생각해 봤습니다.

저는 이번 일이 모두가 하나 되어 한 방향으로 나아가면 예상을 뛰어넘는 기적도 이룰 수 있다는 것을 확인한, 다시없는 기회였다고 봅니다.

알게 모르게 최선을 다해준 현업 부서원은 말할 것도 없고, 해당 부서가 아님에도 내 일처럼 지원해준 동화 가족 여러분에게 깊은 감사의 마음을 전합니다.

이런 일들이 여러분의 땀과 노력으로 잘 마무리되었음에 감사하며, 그간의 노력으로 유종의 미를 거두길 바랍니다.

모두가 한 방향으로 하나 되면 이 같은 기적을 만들 수 있습니다.

매사에 제대로 하는 기업, 동화 백년기업

2013년 11월 6일

11월, 우리는 조촐하지만 의미 있는 화전 신사옥 준공식을 가졌습니다.

30평 남짓한 창고를 빌려 창업한 지 33년 만에 수차례 여러 지역을 전전하면서 꾸준한 성장을 했고, 이제 화전에 플랜트 전문 공장을 완성했으니 어찌 감회가 벅차지 않겠습니까.

이번 사옥의 건립은 쾌적한 작업장과 업무를 효율적으로 수행할 수 있는 인간 중심의 업무 환경 구현에 배려를 아끼지 않았다는 점에서 큰 보람을 느끼기도 합니다.

이런 뜻을 실현할 수 있었던 것은 무엇보다 동화 가족 여러분의 땀과 노고가 있었기 때문이기에, 다시 한 번 감사의 마음을 전합니다.

동화 가족 여러분, 이 기회에 당사 30주년 기념식에서 행한 기념사를 상기시키고 싶습니다.

당시 지나온 30년을 회고하면서 모두가 열심히 한 보람으로 중소기업에서 중견기업으로 성장했음을 높이 평가하고, 앞으로의 30년을 어떻게 만들어갈 것인가 자문하면서 지속 가능한 기업, 즉 백년 기업을 만들어가자고 호소한 바 있습니다.

하지만 경영환경은 하루가 다르게 변하고, 세계는 국경 없는 하나의 시장이 되었습니다. 그렇기에 지속 가능한 기업이 되는 것은 세계 속에서 살아남아야만 가능하다는 결론에 이르렀습니다.

그렇다면 지속 가능한 기업이 되기 위해 어떻게 해야 할까요?

그동안 이 해답을 찾고자 노심초사해 왔습니다.

그 와중에 우연히 'Back to Basic(기본에 충실하자)'이란 말을 접하면서, 어쩌면 이 말이 해답이 되지 않을까 하는 생각이 들었습니다.

우리말에 바쁘면 돌아가라는 속담이 있습니다. 모순되는 표현이지만 어려움을 극복해야 하는 상황에 자주 쓰입니다.

바로 이 점에 착안하여 고심 끝에 'Back to Basic'을 우리말로 '제대로 하자'로 바꾸어 보았더니, 제법 설득력이 있었습니다. 그래서 이번 화전 사옥 준공식에서 '매사에 제대로 하면 답이 있다'는 함축성 있는 구호로 공표하게 되었습니다.

제대로 한다는 말의 중심에는 기본과 원칙에 따라 행동한다는 아주 원론적인 행동 수칙이 담겨 있습니다. 우리나라는 과거 50년간 압축 성장을 해오면서 은연중에 '빨리빨리' 문화가 특성으로 자리 잡았고, 그 결과 긍정적인 면과 부정적인 면이 상반된 평가를 받았습니다.

단기간에 선진국의 문턱에 진입한 긍정적인 성과를 낸 반면, 매사 수단 방법을 가리지 않고 성과 위주로 능력을 평가하는 문화가 각 분야에 통용되어 왔습니다. 그러자 시간이 지나면서 엄청난 사회적 비용을 지불하고 있습니다.

이제는 편법에 의한 시행착오를 용납하지 않는 시대가 되었습니다. 매사 제대로 하자는 방향 설정도 이와 같은 사회의 변화 추세 속에 우리 회사가 선도적 역할을 함으로써 장수 기업으로 대대손손 이어가자는 의지입니다.

매사 제대로 한다는 것은 고통스럽기도 하지만, 강압이나 강요가 아니라 우리 회사의 덕목인 자율에 기반을 두고 기본과 원칙을 존중하며 스스로 행동하고 책임지는 의식의 대전환을 의미합니다.

의식 혁신은 구호를 만들었다고 하루아침에 이루어진다고 생각지 않습니다. 끊임없이 모니터링하고 걸림돌을 제거하면서 포장을 위해 정지 작업을 하듯 다듬어가는 긴 여정입니다. 이것이 우리의 꿈이며 이상입니다.

앞으로 윤리강령과 함께 동화를 만들어가는 두 기둥으로 삼아 한 발 한 발 내딛으며 장수기업을 만들어 갑시다.

재미있는 일터가 된다면?

2014년 1월 10일

'일에 재미를 느끼면서 하루하루 보람 있게 보내고 있는가?'

이런 물음을 던져봅니다.

우리는 학교를 나온 후 일하면서 살아가고 있습니다. 물론 일은 생계를 유지하는 원천, 즉 돈을 벌기 위한 수단이지만 단순히 생계반을 위해 일을 한다면 일의 노예로 살아간다 해도 과언이 아닐 것입니다.

그렇게만 살아간다면 인생의 목적이 무엇인지 서글픔과 초라함이 느껴질 것 같습니다.

요즘처럼 추운 겨울, 새벽같이 운동장에 나와 축구하는 사람들을 보면서 대체 저들은 무엇 때문에 출근 전 한두 시간을 추위도 잊고 운동을 하는 것일까 생각합니다.

건강을 위해서? 건강을 위한다면 외려 추운 날씨에 일찍 축구하는 것이 현명한 방법은 아닐 것입니다. 그렇다고 프로 축구인이 되려는 목적도 아닐 텐데, 그렇다면 왜일까요?

그저 재미있으니 축구를 하는 것입니다. 뭔가 보상이 있는 것도 아니고 오히려 자기 돈을 내고 팀 활동을 하는 이유는 축구가 재미있기 때문입니다.

우리 직원 중에 새벽 여섯 시부터 수영 강습을 받고 출근하는 사람이 있습니다. 지난밤 열 시가 넘어 퇴근하기에 다음 날 수영 연습을 빼먹지 않았나 싶어 물었더니 어김없이 다녀왔다길래 수영 강습에 무슨 매력이 있는지 물었습니다.

그러자 첫째는 하루하루 자기 기량이 향상되어 좀 더 잘하고 싶은 욕구가 생기고, 둘째는 부족한 부분을 개선해 나가고 싶은 욕심이 생겨나며, 셋째로 다이어트의 묘미가 만족감을 주기 때문이라는 답을 내놓았습니다.

무릎을 쳤습니다. 일에도 이런 생각을 접목한다면 재미가 생기지 않을까 하는 생각이 들었습니다. 일하는 이들에게 수영 강습처럼 뚜렷한 목적의식을 주어 일을 통해 재미를 느끼게 한다면 그 성과는 날로 발전할 것이라고 말입니다.

추운 겨울 아침 축구를 즐기는 사람이나 강습을 통해 자신의 기량이 날로 향상되는 재미에 고된 아침이지만 수영장을 찾는 사람처럼,

일을 재미있게 하는 방법이란 특별한 것이 아닙니다.

일에서 사람이 추구하는 만족감을 얻을 수 있는 분위기를 조성하는 것이 그 해답이라 보고, 오늘부터라도 재미있게 일할 수 있는 환경을 만들어볼 것을 권합니다.

동화 가족 여러분, 하루하루가 재미있어 아침에 회사에 나오는 것이 흥분되고 희망으로 출발하는 그런 날들이 되기를 기대합니다.

그래서 일이 재미있고, 일터가 재미있어지기를 기대합니다.

사랑하는 직원에게 보내는 메시지

2018년 4월 20일

고객지원팀에서 근무하면서 고객으로부터 수고했다는 칭찬도 듣겠지만, 때로는 불량 제작품으로 선원들 고생시킨다는 불만을 듣는 경우도 없지 않을 걸세. 그럴 때 고객지원팀의 역할이 얼마나 중요한지 잘 경험하였으리라 추측하네.

지금의 조선업계는 겪어보지 못한 수주 절벽과 저가 수주로 크게 고통을 받고 있어, 고객으로부터 신뢰를 얻는 데 고객지원팀의 역할이 매우 중요하다는 점 잘 알고 있으리라 믿네.

특히 자네는 20년 넘게 동화 가족으로 큰 역할을 해왔고, 최근엔 책임자 위치에 앉아 책임감도 한층 커져 조합원에게 보답하자니 고민이 많으리라 짐작하네.

자네도 알고 있듯 나는 지난 12월부터 회사에서 자유로운 위치에서 회사를 보고, 자네들과 소통도 하고, 도우미로서 힘닿는 데까지 회사를 위해 보탬이 되려고 나름대로 최선의 노력을 다하고 있네. 그중에서도 행복한 일터 유지가 으뜸가는 목표이지.

자네도 같은 목적으로 고민이 많이 되리라 생각되네.

얼마 전 우연한 기회에 일본의 경영의 신이라 불리는 교세라 사의 이나모리 회장이 쓴 『불타는 투혼』이란 책을 지인에게 선물 받아 읽고 깊은 감동을 받아 몇 권을 구입하여, 자네에게 선물하네.

이 책은 2010년에서 2013년까지 단 3년의 경영으로 부도 위기에 처한 일본 항공 JAL을 이익을 내는 회사로 탈바꿈시킨 이나모리 회장의 뛰어난 경영 철학에 대해 쓴 것이네. 어려운 때를 살아가면서 새겨들어야 할 내용이기에, 자네처럼 세상을 올바르게 보고 기경이나 지장을 좀 더 행복한 일터로 만들어 보려는 의욕을 가진 사람에게 나침반이 될 걸세.

주변을 보면 오늘내일 나의 직장이 법정관리에 들어가면 내 일자리는 어떻게 될까 전전긍긍하는 이들이 부지기수 아닌가. 잘못하여 우리도 그런 지경에 처하게 된다면 자네는 어떻게 할 것인가.

이 책을 읽고 서로 의견을 나누어보면 좋겠네.

건투를 비네.

• 동화 30주년에 부치는 서사시

– 이효례(2010년10월)

김강희, 이효례 부부
수평선 저 멀리 물결 위에
건넌방 람포 등불 앞에서
변혁의 사명감을 품었습니다.

그리고 그곳에
신뢰와 우정을 쌓은 선후배가 계셨습니다.

1950년대 우리 사회는 애국과 보릿고개,
수석 졸업한 전문 인력까지도 무직자로
농촌은 빈곤, 도시는 혼란
어디에도 희망뿐 일터는 멀기만
사명감 앞에 더욱 큰 충격이었습니다.

고향 마을 태양은 온기일 뿐
양지 녘 처마 밑에 널리 헤매는 어린 청소년
도시로 향하는 그들의 눈망울 속에

부부는 소망의 묘목을 심었습니다.

1960년대 도시는 들끓고
잘살고자 하는 눈높이에 보이는 것은 당달
새벽종이 울리고 재봉틀이 돌면서
동명사는 중소기업의 대열 앞자리에 서서
주경야독 경공업의 열기로
제1고속도로 위를 달리는 수출입품의 물결
경공업에서 돌아온 달러의 열풍은
철강 조선의 제일국으로
그렇게 한국의 중공업을 낳았습니다.

창업자 김강희
오대양 선상에서 다져신 욕구
선진 문화에 대한 갈망

원칙과 질서에 목마른 사회 개선
해양 33인의 집합체 종합해사
동문으로 이어갈 참신한 목표
자격 중심의 후계 구도
절차에 의한 투명 경영과 후배의 비전
고유 브랜드 장착 제품의 욕망
자율과 민주 실현의 구심점으로

왕거북의 소망은 깃발을 향해 달렸습니다.

동화 4개사, 해외 법인 1개사, 1개 연구소와
동명 외 협력 10여 사, 그 주변에는
진솔한 선배, 동료, 후배 직원들이 함께하였습니다.

19세기의 출발점에서 바다로
차세대 비행 엔진 개발 참여 하늘로
녹색 에너지 산업 선도 미래로
영속적 기업으로 자연의 삶 속에 돌아와
제2의 거목을 심었습니다.

동화의 자랑들이여,
가족사랑 진솔한 마음
전사적 열기로 비전을 다듬고
일 억 불에서 십 억 불로 무한을 향하여
코스닥과 차세대 엔진
자연의 삶 녹색 환경 에너지 창출로
향후 30년의 로드맵 위에
동화의 또 다른 문화 꽃을 피우기 위하여
동화 가족 사이사이에 축복의 뿌리로
환희의 손뼉을 칩니다.

- 『동화엔텍 30년사』에서 발췌

실학자의 정신으로 과학기술 연구개발과 인재 육성에 앞장선 기술경영인

손동운 교수(국립부경대학교 산학협력단)

김강희 회장은 언제나 인재 육성을 강조한다. 각종 세미나장에서 김 회장이 손을 들고 하는 말은 늘 같다. "인재가 기업이다. 대학과 사회에서 창의력과 열정을 가진 좋은 인재를 키워서 지역 기업에 보내 달라"는 것이다.

IMF 외환위기를 겨우 극복한 2000년대 초반, 김 회장을 중심으로 한 이공계 출신의 부산 지역 기업인들은 '기업의 경쟁력은 영업과 마케팅이 아니라 제품과 기술에서 나온다'라는 자각 아래 연구개발 확대와 우수 인재 확보를 고심하고 있었다.

그러나 우리나라 제2의 도시인 부산은 과학기술 시대인 21세기를 맞이하고도 여전히 과학기술의 불모지였다. 정부의 수도권 위주 대학

지원 정책으로 대학의 연구개발(R&D) 지원 사업인 '브레인코리아(BK 21)'는 전체 44개 중 41개를 수도권 대학이 가져가 가뜩이나 위태로운 부산 지역의 연구개발 근간을 뿌리째 흔들었다. 또한 청소년, 시민들에게 과학을 체험하고 과학기술자를 꿈꾸게 해줄 과학문화 예산은 2001년 당시 부산 시민 1인당 1원꼴인 400만 원에 불과해 전국적인 웃음거리가 됐다. 부산 시민이 접할 수 있는 과학문화 행사는 과학의 날(4월 21일) 부산시청 로비에서 열린 산학연 연구 제품 전시회와 세미나 개최가 전부였다. 부산 산업계도 전국적인 이공계 기피 현상과 인구 감소, 부산 지역 제조기업의 탈(脫)부산으로 산업 공동화가 점차 깊어지면서 뚜렷한 성장 목표점을 찾지 못했다.

이러한 시기에 김강희 회장은 부산에서 열리는 주요 세미나에 발표자나 토론자가 아닌 청중으로 참석하여 발표를 경청하고, 세미나가 끝날 무렵에는 손을 들어 인력 육성을 강조했다. 그는 주최자인 정부와 대학에 대해 "아는 것이 문제가 아니라 실제로 행해야 한다"며 일갈했다. 작은 체구에 흐트러짐 없는 단아한 모습. 허리를 꼿꼿하게 세우고 호기심 어린 표정으로 경청을 하고 손을 들어 실사구시(實事求是)를 이야기하던 그는 조선 시대의 실학자를 연상시켰다. 그러한 그이기에 부산 지역의 인재를 육성하고 과학기술과 연구개발을 진흥하기 위해 2004년 창립된 부산과학기술한림원(이후 부산과학기술협의회로 변경)의 주축이 된 것은 당연한 일이었다. 그 후 2012년 부산과학기술협의

회의 이사를 거쳐 2021년 명예로운 퇴임을 할 때까지 그는 부산과학기술협의회를 인재 육성을 위한 철학을 실천하는 공간으로 삼았다.

한국해양대 기관학과 출신의 엔지니어이자 항해사로서 대한민국 열교환기의 역사를 새로 써 내려간 김강희 회장. 망백의 나이에도 한결같이 과학기술 분야의 미래를 고민하고 그 누구보다 생생한 열정을 지닌 그에게 깊은 존경을 보낸다.

동화엔텍 주요 연표

1980	(주)동화정기 설립(부산 영도)
1981	선박엔진용 공기 냉각기(Air Cooler) 개발
1987	경남 양산으로 사업장 이전
1989	탱커선용 COPT Vacuum Condenser 개발
1991	부산 다대포 무지개 공단으로 사업장 이전
1992	한국산업기술진흥협회 부설 열유체연구소 설립
1993	선박용 담수장치(조수기) 개발
1996	'제1회 바다의 날' 산업포장 수상
2001	(주)동화정기에서 (주)동화엔텍으로 사명 변경 부산 녹산국가산업단지로 사업장 이전
2005	녹산산업단지 용접자동화 공장(제2공장) 준공
2007	부산과학산업단지 내 R&D Center 완공 산업부 우수제조기술센터(ATC) 선정 Rolls-Royce(영) 차세대 민간 항공기 엔진용 열교환기 개발 협약 체결 (주)종합뉴텍(現 (주)동화뉴텍) 인수 'Air Cooler, 공기 냉각기' 세계일류 상품 선정
2008	중국법인 (주)동화은태 상해 공장 준공 기업은행 '명예의 전당' 헌정 국토부 'LNG 플랜트 열교환기 개발' 국책 연구사업 선정

2009	‘Fresh Water Generator, 조수기’ 세계일류 상품 선정
2013	부산화전산업단지 내 화전 공장 준공
2014	중기청 World Class 300 기업 선정 MOL(Mitsui OSK Line) FSRU의 HP Vaporizer 수주(신조 첫 수주)
2015	‘ESS, Energy Saving System’ 세계일류 상품 선정
2017	‘LNG Vaporizer’ 세계일류 상품 선정
2019	친환경 LNG 추진선 FGSS 첫 수주(EPS 선주, NTS 건조)
2020	중국 (주)동화강소(난통) 공장 준공, (주)동화실업(상해) 설립
2021	‘수소충전소용 수소 냉각기’ H2 Innovation Award 최우수상 수상
2022	산업부 소부장(소재부품장비) 으뜸기업 선정
2023	‘FGSS, 선박용 연료공급시스템’, ‘BOG Compressor’ 세계일류 상품 선정 수소 전문기업 (주)동화하이텍 설립 엔지니어링 전문기업 (주)가스팩 인수
2024	한국무역협회 ‘올해를 빛낸 무역인상’ 수상 수소충전소용 고압수소압축기 1호기 공급(부산 회동) 한국해양대학교 발전 기금 10억 원 전달 수소 유통, 충전소 전문 기업인 (주)하이스원 투자
2025	과기부 첨단기술기업 인증

김강희 회고록

초판 인쇄 2026년 1월 12일
초판 발행 2026년 1월 19일

지은이 김강희
펴낸이 이혜숙
펴낸곳 (주)스타리치북스

출판 감수 이은희
출판 책임 권대홍
출판 편집 김소라 · 정푸른솔
편집디자인 스타리치북스 디자인팀

등록 2013년 6월 12일 제2013-000172호
주소 서울시 강남구 강남대로62길 3 한진빌딩 2~8층
전화 02-6969-8955

홈페이지 www.starrichbooks.co.kr
스타리치북스 블로그 www.blog.naver.com/books_han
스타리치TV www.youtube.com/@starrichTV
글로벌기업가정신협회 www.epsa.or.kr

값 20,000원
ISBN 979-11-85982-85-4 03320